Ich hab doch nur Krebs

von

Petra Hillmann

Danksagung

Dieses Buch habe ich geschrieben um zu zeigen, wie man mit einer schlimmen Diagnose sein Leben gestalten kann. Es gibt viele gute aber auch schlechte Phasen. Wobei die guten für mich überwogen haben. Ich weise an dieser Stelle darauf hin, das alles aus meiner Sicht als Betroffene dargestellt wurde sowie aus der Sicht einer Krankenschwester die ich nun mal bin. Die Sichtweisen meines Umfeldes kann ich nicht beschreiben, da ich sie nicht einschätzen kann.Ebenso möchte ich allen Danken die mich auf meinem Weg begleiten und immer für mich da sind.

Petra Hillmann

Herstellung und Verlag:
BoD - Books on Demand, Norderstedt
ISBN 978-3-7322-8115-2

Vorwort

Ich habe noch nie ein Buch geschrieben. Zuerst wollte ich meinen Kindern mitteilen, wie es mir während meiner Krankheit ging. Mir wurde nur ein halbes Jahr Lebenserwartung von Seiten der Ärzte gegeben. Da ich um den schwierigen Umgang mit Krebskranken weiß, wollte ich meinen Kindern, die oft nicht gestellten Fragen beantworten. Durch das Interesse in meiner Umgebung und das erkennen der Hilflosigkeit der meisten Betroffenen, habe ich dieses Buch für alle geschrieben, die es interessiert.

Durch meine Erfahrungen und den Erfahrungen anderer Betroffener denke ich,dass es Zeit ist etwas im Umgang mit Krebspatienten zu unternehmen, Die Einstellung muss sich ändern. Wir sind keine Versuchstiere sondern Menschen mit besonders starken Gefühlen und Ängsten. Stelle sich doch mal ein Gesunder vor, dass er nur noch begrenzt Zeit zum Leben hat, Was würde er sich wünschen? Ich möchte bewusst provozieren, denn alle Kürzungen im Gesundheitswesen. Insbesondere beim Personal, tragen nicht zur Genesung bei, sondern machen alle krank Patienten wie Personal.

Ein kurzer Lebenslauf

Ich wurde 1958 in Görlitz geboren. Besuchte die Realschule, im Osten hieß es Polytechnische Oberschule und erlernte den Beruf einer Krankenschwester. Eigentlich konnte ich mir nicht vorstellen diesen Beruf zu ergreifen, aber während der Ausbildung merkte ich, dass es für mich der richtige Beruf war, eher eine Berufung in den Jahren wurde. Mit 19 Jahren und Schwanger zog ich zu meinem heutigen Ex Mann nach Leipzig. Nach der Ausbildung habe ich an der Uni in Leipzig auf der Gynäkologischen Onkologie begonnen zu arbeiten. Kurz danach bekam ich mein zweites und nach sieben Jahren kam unser drittes Kind zur Welt. Ich habe immer in drei Schichten gearbeitet und alle sieben Jahre die Fachrichtung gewechselt, da es mir zu eintönig wurde. Seit 1993 bin ich geschieden und habe mein Leben selbst in die Hand genommen. Nach meinem 40. Geburtstag packte ich meinen Kram zusammen und zog in die alten Bundesländer. Nach der Wende wollte ich mir die andere Seite von Deutschland ansehen. Mit 40 wird das Leben würzig. Diese Entscheidung habe ich nie bereut. Meine Kinder sind inzwischen alle Erwachsen und haben ihr eigenes Leben. Es ging uns allen gut.

Ich war erst im September des Jahres 2008 mit einer Arbeitskollegin in ein Reihenhaus gezogen. Bei einer zweijährigen gemeinsamen Fortbildung hatten wir uns besser kennen gelernt und festgestellt, dass wir auf einer Wellenlänge lagen, also eine wichtige Voraussetzung für ein gemeinsames zusammen Leben, wie ich finde. Wir haben in einer Einrichtung gearbeitet aber nicht auf derselben Station und auch nicht in der gleichen Fachabteilung. Gemeinsam hatten wir fünf Katzen, dazu gesellte sich ein Jahr später noch ein ausgesetzter Perserkater. Es gibt sie immer noch.

Meine Krankheitsgeschichte

Ich war 51 Jahre als ich am 1.6.2009 die Diagnose Krebs erhielt. Normaler weise ist man nach so einer Nachricht starr vor Angst und kaum in der Lage Entscheidungen zu treffen. Viele fallen in ein tiefes Loch. Aus irgendeinem Grund sagte mir mein Gefühl beim Warten auf die genaue Diagnose, dass es nur Krebs sein kann. Es hat mich nicht überrascht, schlucken musste ich aber trotzdem. Aber in meinem Innersten ging alles auf Konfrontation, mich betrifft es nicht, ich werde nicht sterben. Im Hinterkopf waren meine Kinder, die ich doch nicht allein lassen wollte und so blieb nur, den Kampf auf zu nehmen. Mir war damals noch nicht bewusst wie wichtig es sein wird, dass ich in meinem Fall den richtigen Beruf hatte. Viele waren oder sind der Meinung das es eher negativ als positiv wäre, genau zu wissen, wie es um einen selber steht. Ich sehe das anders. Jeder Betroffene sollte das auch.

Vor der Diagnose hatte ich schon eine ungute Ahnung. Mein Gefühl sagte mir, dass etwas mit mir nicht stimmte und das dies nichts Gutes sein konnte. Deshalb hatte ich mir vorgenommen mich in der nächsten Zeit von oben bis unten durchchecken zu lassen. Ich nahm an, dass ich mich in den Wechseljahren befinde, da ich auch ständig im Schweiße meines Angesichts stand. Zu den Vorsorgeuntersuchungen ging ich regelmäßig, da meine Mutter zweimal an Krebs erkrankt und mit Siebzig Jahren daran verstarb. Diesen Leidensweg wollte ich eigentlich nicht gehen. Mein Bruder war mit ca. sechzig Jahren an Darmkrebs erkrankt, aber zum Glück in einem sehr frühen Stadium und konnte geheilt werden. Das wollte ich alles nicht durch machen müssen. Ich dachte auch an meine Patienten die an Krebs erkrankt waren und deren Probleme und Ängste die sie hatten ausstehen müssen. Plötzlich kommt man in eine Situation auf die man nicht vorbereitet ist, ein Abschnitt im Leben der nicht eingeplant ist und der alles auf den Kopf stellt, einen selbst, sowie auch die gesamte Familie. Gefühle wie, hat man eine Zukunft, gibt es Heilung, wie ist es wenn man stirbt, Gefühle die ein Gesunder nicht nach vollziehen kann.

Über Pfingsten war ich zum Dienst eingeteilt. Seit Donnerstag ging es mir nicht gut, aber als Schwester lässt man den Dienst nicht ausfallen. Ich merkte, dass mein Bauchumfang zunahm und die Luft knapp wurde bei Belastung und die Leistungsfähigkeit rapide abnahm. Es war nicht so wie man es kennt, wenn man sich mal verausgabt, das die Luft und die Kraft fehlt. Es hatte etwas Bedrohliches und mir war klar, es war etwas Ernstes. Das machte mir Angst. Am Montag ging dann nichts mehr. Während des Dienstes musste ich das Handtuch werfen und mich in der Ambulanz vorstellen, da ich zusammengebrochen war. Ich wurde von Kopf bis Fuß durch gecheckt und das Ergebnis zeigte an Hand der Blutwerte, dass einiges nicht in Ordnung war. Die Entzündungszeichen waren exorbitant hoch und es wurde ein Abdomen röntgen und ein CT angeordnet. Das Ergebnis zeigte einen Verdacht auf ein Ovarialkarzinom in einem fortgeschrittenen Stadium. Eierstockkrebs. Im ersten Moment ein Schock für mich. Meine Symptome waren nun erklärt. Ich hatte Aszites im Bauch, (Wasser) und das heißt eigentlich wenig bis keine Überlebenschancen. Die zwei diensthabenden Ärzte der Abteilung kamen um die Mittagszeit zu mir, um mir das Ergebnis mitzuteilen. Beide kannte ich seit deren Ausbildung als Assistenzärzte und jetzt war einer der beiden Oberarzt der Abteilung. Es fiel ihnen unendlich schwer mir zu sagen, dass ich Eierstockkrebs im Endstadium habe. Sie versuchten mir Mut zu zusprechen. Auch bei meinen Kollegen war der Schock groß. Meine Chefin war am Boden zerstört. Man hat täglich mit todkranken Patienten zu tun, aber wenn es jemanden aus den eigenen Reihen betrifft, ist man einfach nur fassungslos.

Ich selbst fühlte mich in dem Moment einfach nur leer. Unser Stationsarzt kam, um mir sein Mitgefühl auszudrücken. Dieses Mitgefühl der nun wahrscheinlich ehemaligen Mitarbeiter, tat gut und hat mir geholfen den Boden unter meinen Füßen wieder zu finden und nicht weiter ins Nichts zu fallen. Meine Kolleginnen konnten mir nicht gegenüber treten. Ihnen fehlten die Worte. Das war auch der Moment wo meine Tränen versiegten und für mich feststand, den Kampf trotz Aussichtslosigkeit aufzunehmen. Oder gerade deswegen. Ich wollte mich nicht geschlagen geben. Ich wollte nicht so dahin vegetieren wie meine Mutter. Was mir damals die Kraft gegeben hat, weiß ich nicht, ich habe mich innerlich einfach umgedreht und mir gesagt, mag alles so sein wie es ist, aber ich werde es schaffen und die Ärzte erstaunen lassen, dass ich eine Heilung erfahren werde. Damals wusste ich überhaupt noch nicht wie ich das anstellen sollte. Keine Ahnung von Nichts. Ich sah mich einfach nicht als leidendes Wesen das langsam stirbt. Aber in dem Moment sah ich meine Mutter vor mir, die an einem Cervixcarzinom (Muttermund)verstorben war. Meine Mutter hatte mit ende dreißig ein Mammakarzinom diagnostiziert bekommen. Es war ein sehr frühes Stadium. Damals hatte man noch nicht Brusterhaltend operiert und es wurde meiner Mutter die Brust amputiert. So brutal wie es sich anhört, so unschön war auch das Ergebnis .Ich selbst war damals noch im Kindergartenalter. Mit 68 Jahren kam meine Mutter mit Blutungen ins Krankenhaus. Dort stellte man Unterleibskrebs fest. Bei einer schnell angesetzten Operation musste ein künstlicher Darmausgang gelegt werden, da man durch den Darm durchgebrochen war. Meine Mutter erholte sich nicht wieder und verstarb 18 Monate später. Ich habe meine Mutter nie gefragt wie sie sich gefühlt hat, wie es in ihr aussah. Wer nicht selbst betroffen ist, macht sich in solch einer Situation keine Gedanken darüber. Ich wusste damals auch nicht, was ich meiner Mutter hätte sagen sollen. Meine Mutter wollte nie über die ganze Situation reden. Mit mir schon gar nicht. Wir hatten nie das beste Verhältnis zueinander.

Ich hatte eine Entscheidung getroffen. LEBEN! Leben so lange es geht, so gut es geht mit viel Lebensqualität. Zu dieser Zeit war ich noch sehr blauäugig, ich würde sagen fast naiv, denn ich glaubte alles in den Griff zu bekommen. Ist doch ganz einfach. Doch das ist es nicht. Diese Situation hat man nicht im Griff, auch als Krankenschwester, aber man kann sie in positive Bahnen lenken. Eine ähnliche Situation hatte ich schon einmal in meinem Leben. Nach der Geburt meines Sohnes 1978. Durch das Antiserum bei Rhesus negativen Faktor wurde mir eine Hepatitis C Infektion gesetzt. Das Serum war schon seit September im Umlauf und verseucht. Mein Sohn wurde Ende Dezember geboren. Ich lag damals 13 Wochen auf der Infektionsstation. Konnte meinen Sohn nicht versorgen. Eine schlimme Zeit. Heute weiß ich, dass wir damals höchst wahrscheinlich Versuchsobjekte für die

Pharmaindustrie waren, um die Interferontherapie zu testen, denn dieser neuen Therapie sollten wir uns unterziehen. Es betraf über 5000 Frauen. Es hieß, dass die meisten der geimpften Frauen an Leberkrebs erkranken werden usw. Die reinsten Horrorgeschichten. Den Medien nach war ich schon Tod. Da ich aber gerade frisch geschieden war, und mein Leben wieder in meine eigenen Hände nahm hatte ich keine Zeit mich um die Horrorgeschichten zu kümmern und nahm die Kontrolle der Leberwerte, selbst in die Hand. Ich hatte einfach keine Zeit, um mir darüber Gedanken zu machen und habe zu mir gesagt, mich betrifft es nicht. Ich habe drei Kinder und die will ich aufwachsen sehen. Und es hat funktioniert. Das war 1993. Immerhin hatte ich meinen Kindern gegenüber auch Verantwortung zu übernehmen, was wenn ich dazu nicht mehr in der Lage gewesen wäre. An den Abend an dem ich den Entschluss gefasst hatte mich betrifft es nicht, kann ich mich noch heute erinnern. Es war nach einer Reportage über dieses Thema. Meine Überzeugung stand fest und mir war klar dass ich recht haben werde. So ist es auch gekommen, in einer Serum Untersuchung konnte nicht mehr nachgewiesen werden, dass ich eine Hepatitis C hatte. Sprich der Impfstoff konnte nicht nachgewiesen werden. Ein Super Erfolg. Ein zweites Mal bin ich von der Schippe gesprungen als ich eine Pankreatitis (Bauchfellentzündung)hatte, auf Grund eines Gallensteins. Ich sagte mir aller guten Dinge sind drei. Und ich will und werde es auch diesmal schaffen.

Nach dem die Ärzte mein Zimmer verlassen hatten und nach kurzer Überlegung, als ich mich etwas gefasst hatte, rief ich meine Mitbewohnerin an und teilte ihr mit, das ich nach Hause wollte. Eigentlich sollte ich stationär aufgenommen werden. Was sollte ich im Krankenhaus, da kommt man nur ins grübeln. Ich wollte klar denken und handeln können. Ein Familienrat musste her. Das hieß, es mussten meine Kinder erreicht und informiert werden. Ich verabredete mich mit ihnen für den nächsten Tag. Telefonisch hatte ich ihnen schon mitgeteilt worum es ging, damit sie Zeit hatten und sich etwas sammeln konnten, falls man das in solch einer Situation kann. Meinen Kindern auf den Kopf zusagen zu müssen dass ich vielleicht nicht mehr lange zu leben habe, war alles andere als leicht. Wie teilt man so etwas mit? Meiner ältesten

Tochter gegenüber mussten wir erst mal Stillschweigen bewahren, da sie psychisch erkrankt ist und mit dieser Situation, ohne Betreuer nicht zurechtkommen würde. Es ging nicht anders, da die Zeit drängte und immerhin eine große OP anstand. Mir gingen alle möglichen Gedanken durch den Kopf. Werde ich überleben, kann ich wieder arbeiten, wie wird es weitergehen usw. Als ich endlich wieder zur Rune kam, konnte ich für mich die Entscheidungen treffen, die mir wichtig waren. Ich wollte klare Ansagen machen. Meine erste alleinige Entscheidung nur für mich. Das war ich so nicht gewohnt und hätte nicht gedacht, dass es gar nicht schwer ist, dieses zu tun, wenn die Situation einen dazu zwingt. Für Andere da zu sein war normal für mich, aber nun musste ich mich um mich selbst kümmern. Am nächsten Tag kamen meine Kinder und begleiteten mich in die Frauenklinik, wo entschieden werden sollte, wie es weitergeht. Nach der Untersuchung und einem Gespräch mit der Oberärztin stand fest, dass man mit einer Operation versuchen würde den Tumor zu entfernen. Eine Chemotherapie sollte folgen. Eine Bestrahlungstherapie war nicht möglich, da der Tumor zu groß war. In dem Moment bekam ich Wut in meinen Bauch, dass es mich getroffen hatte. Wobei an Krebs erkrankt zu sein war nicht mal das Schlimmste, sondern dass ich mich zu jung dafür fühlte und nicht sterben wollte. Ich sagte der Oberärztin dass sie operieren kann was notwendig ist, aber dass ich keinen künstlichen Darmausgang möchte, wenn es mir nicht hundertprozentige Heilung bringt. Für diese Entscheidung sollte ein Bauchchirurg hinzu gezogen werden. Eine Ansage die nur gemacht werden kann, wenn man das notwendige Wissen hat. Die OP wurde für den Freitag in der gleichen Woche festgelegt. Davor musste ich noch zum Anästhesisten in die Sprechstunde. Es wurde auch noch eine Sonographie angeordnet um das Wasser aus meinem Bauch zu punktieren, da es das Narkoserisiko erhöhte. Eine sehr unangenehme Prozedur, die leider nicht gelang, da das Wasser gekammert war. Der Oberarzt der Radiologie wollte es auch noch mal probieren, da er der Meinung war es zu schaffen. Ich hatte aber keine Lust das Risiko ein zu gehen, da an der Punktionsstelle viele Blutgefäße zu sehen waren. Das konnte ich auf dem Bildschirm verfolgen. Ich sagte Nein und der Oberarzt war ziemlich angepisst, wagte es aber nicht, sich über meine Ansage hinweg zu setzen. Eine Erfahrung die ich so noch nicht kennen gelernt hatte, die mir aber zeigte, ich kann bestimmen wo es lang geht. Zu dieser Zeit war mein Nervenkostüm äußerst empfindlich geworden, was ich von mir nicht gewohnt war. Ich wollte keine Schmerzen ertragen und mich auch nicht mehr zusammen reißen. Mir war alles zu anstrengend und zu viel. Ich hatte einfach keine Kraft mehr. Am Donnerstag sollte die stationäre Aufnahme erfolgen. Für den Freitag war die OP geplant. Mit diesen wesentlichen Informationen ging es nach Hause. Für mich als Krankenschwester war der Ablauf der nun folgen würde, allzu gut bekannt. Ein Laie hätte all diese Entscheidungen nicht sofort treffen können. Darum ist es notwendig, sich alles genau erklären zu lassen und so lange nach zu fragen bis man genau verstanden hat was mit einem passieren soll. Auch eine Zweitmeinung ist manchmal hilfreich und man sollte sich nicht davor scheuen einen anderen Arzt zu konsultieren. Es braucht Zeit, alle Informationen sacken zu lassen. Immerhin sind es wichtige Entscheidungen die es zu treffen gilt und die nur der Betroffene treffen kann und muss. Er braucht das Gefühl das Richtige zu tun. Nur mit der eigenen Entscheidung, die man selbst trifft, kann man mit einem guten Gefühl durch das Ganze gehen.

Zuhause angekommen herrschte eine bedrückende Stille. Bis zur OP waren es nur noch drei Tage. Wir alle waren sehr betrübt, keiner wollte irgendetwas sagen. Ob ich nun wollte oder nicht, aber ich fing an, meine Dinge im Falle meines Ablebens mit meinem Sohn und meiner Tochter zu besprechen. Ich hatte in diesem Moment das erste Mal nur an mich gedacht. Es war mir einfach wichtig. Keiner konnte sagen wie ich nach der Operation beisammen sein würde. Für viele unvorstellbar, aber wenn man allein lebt, sollte jemand Wissen wie alles nach dem Tod geregelt werden soll, wie die Finanzen geklärt sind, wie man beerdigt werden möchte. Denn für meine Beerdigung wünsche ich mir, dass es keine Feier gibt, dass ich auf die grüne Wiese komme und dass zwei Lieder von Queen an meinem Grab gespielt werden. Sollte es danach noch eine Zusammenkunft geben, soll es eine Queen Party werden. Sicherlich nicht das Normale, aber ich bin halt so gestrickt. So konnte ich meinen Kindern diese wichtigen Entscheidungen abnehmen. Wichtig war auch die Aufteilung meiner Katzen, damit sie nicht ins Tierheim müssen. Deshalb

möchte ich auch zu Hause sterben, soweit es möglich ist. Das ist
Wichtig für die Vermittlung meiner Katzen. Sie müssen auch die
Möglichkeit haben, sich von mir zu verabschieden. Sonst hat der
neue Tierbesitzer unter Umständen Schwierigkeiten, da man nicht
weiß wie die Tiere sich Verhalten werden. So mache ich meine
Kinder zu Katzenbesitzern. Sie bekommen Unterstützung durch
meine anderen Katzenfreunde. Ich möchte auch nicht in ein
Hospiz. Das stelle ich mir immer noch schrecklich vor. Ich weiß,
dass ich viel von meinen Kindern verlange, aber ich hoffe sie
haben das Einfühlungsvermögen dafür. Das geregelt zu wissen,
hat mir geholfen mich voll und ganz auf meine Krankheit, besser
gesagt auf meine Gesundheit, zu konzentrieren. Jeder wusste nun
Bescheid und konnte sich mit der Situation arrangieren. Bis heute
war ein erneutes Gespräch darüber nicht mehr notwendig.

Ich selbst begann mich kurz im Internet zu informieren über
verschiedene Therapiemöglichkeiten, aber was mich mehr
interessierte war die Überlebenschance. Was blieb mir an Zeit.
Damals rechnete ich nur in Monaten. Eine völlig falsche
Einstellung. Mein Allgemeinzustand verschlechterte sich rasant.
Das Wasser im Bauch wurde zu einer immer größeren Belastung,
so dass ich den Tag der Operation herbeisehnte. Ich wollte nur
noch alles schnell hinter mich bringen. Als Krankenschwester hatte
ich auch in der gynäkologischen Onkologie gearbeitet und wusste
eigentlich was die Diagnose bedeutete. Hatte viele meiner
Patientinnen damals sterben sehen. Sah in Gedanken auch immer
wieder meine Mutter im Sterben liegen. Aber im Gegensatz zu
meiner Mutter war ich regelmäßig bei den
Vorsorgeuntersuchungen. Hatte im März erst bei meinem Hausarzt
einen Ultraschall vom Abdomen durchführen lassen. Ich war
teilweise wütend auf mich oder meine Mutter, denn sie war 69 und
ich erst 51 Jahre alt. Ich fand das damals ungerecht. Ich denke
solche Gedankengänge haben viele Betroffene, man sucht einen
Schuldigen oder den Auslöser, warum man an Krebs erkrankt ist.
Etwas, das mir in dieser Zeit geholfen hat, waren meine Kinder.
Sie brauchten nur da zu sein. Ebenso mein gesamter
Freundeskreis, der sich dadurch festigte. Es ist wie bei einem
Lottogewinn, richtige Freunde stehen und helfen einem in dieser
Situation. Es trennt sich die Spreu vom Weizen. Eine wichtige

Erfahrung die ich gemacht habe. Die Freunde von damals sind bis zum heutigen Tage Freunde geblieben. Ich hatte immer gedacht dass Krankheiten wie AIDS oder Abhängigkeiten zur Isolation führen, aber das ist falsch. So schnell konnte ich gar nicht denken, wie ich plötzlich nur noch wenige Freunde hatte. Viele Menschen können mit der Diagnose Krebs nicht umgehen: Da machen Krankenschwestern keine Ausnahme. Das Gefühl einer Krankheit ausgeliefert zu sein, lässt für mich nur zwei Möglichkeiten zu. Mit dem Wissen als Krankenschwester selbst zu bestimmen wie es weitergeht, was man möchte und was nicht oder sich zu fügen und nichts zu tun. Jeder Tag bedeutet Kämpfen .und braucht viel Kraft sowie Durchhaltevermögen. Keine leichte Angelegenheit.

Am Donnerstag musste ich in die Klinik zur OP Vorbereitung. Innerlich war ich ganz ruhig und eher auf den Befund nach der Operation gespannt. Alles war möglich, wenn Tumor frei operiert werden konnte, würde das meine Lebenserwartung erheblich steigern. Es standen noch einige Untersuchungen an, wie eine Darm und eine Blasenspiegelung, natürlich ohne Narkose, auf dem Plan. Unangenehme Untersuchungen die ich seelisch nicht mehr verkraftet hätte. Ich dachte mir, nur nicht ohne Narkose, teilte dies den Ärzten mit und prompt führte man die Untersuchungen in Kurznarkose durch. Für mich eine positive Erfahrung, mich den Ärzten nicht völlig ausgeliefert zu fühlen. So lernte ich sehr schnell meine Bedürfnisse gegenüber den Ärzten mitzuteilen und durchzusetzen. Ich übernahm Verantwortung bezüglich meiner Erkrankung und meinem Leben. Die wichtigste Entscheidung die ich getroffen hatte, wie sich noch oft herausstellen sollte. Ich bestimmte wo es lang geht und kein anderer. Wer sich nur in die Hände der Ärzte begibt und alle Entscheidungen den Ärzten überlässt hat in meinen Augen verloren, denn es geht nicht um das Leben der Ärzte sondern um sein eigenes. Ich glaube aber um solch eine Entscheidung treffen zu können, fehlt es den meisten Patienten an Wissen und von medizinischer Seite an Verständnis. Nach den üblichen Operationsvorbereitungen war ich geschafft und konnte gut schlafen.

Freitag war nun endlich die OP, sie dauerte 10 Stunden, deshalb wurde ich erst am Samstag aus der Narkose geholt, da bei so langer Dauer Nachbeatmet werden muss. Beim aufwecken und ziehen des Beatmungsschlauches hatte ich das Gefühl man zieht mir einen Feuerwehrschlauch aus dem Hals. Ansonsten habe ich nicht viel um mich herum mitbekommen. Aber ich weiß, dass mein Sohn und meine Tochter sowie meine Mitbewohnerin da waren. Auf Grund meiner Reaktionen und Antworten konnten sie beruhigt feststellen, dass ich noch die Alte war. Ich hatte allen eingehämmert, das sie darauf achten sollten das ich Socken anhabe, da ich unter chronisch kalten Füßen leide. Nachdem meine Mitbewohnerin feststellte, dass dem nicht so war, schickte ich sie los und sagte ihr sie solle sich darum kümmern. Ich weiß davon bis heute nichts.

Am Sonntag war ich dann auch wieder Mensch und ansprechbar und sogar in der Lage ans Waschbecken zu laufen. Dort habe ich dann erst mal meinen Bauch angesehen und die Schläuche, sprich die Zu und Ableitungen gesehen und entschieden das einige der Schläuche am nächsten Tag gezogen werden sollten. Trotz der langen Narbe hatte ich kaum Schmerzen. Eine Sorge weniger. Allerdings hatte ich bei der Besprechung mit dem Anästhesisten dafür gesorgt, dass ich eine Schmerzpumpe bekomme. Die kann man selbst betätigen. Eine Überdosierung ist nicht möglich, da die Pumpe entsprechend eingestellt ist. Eine feine Sache. Bei der anschließenden Visite war auch die Oberärztin dabei die mich operiert hatte und ich konnte endlich fragen, wie es in meinem Bauch aussieht. Als Antwort bekam ich zu hören, das 11 faustgroße Tumore im Bauch verblieben waren und das den Rest die Chemotherapie bringen müsse. Ende des Gespräches. Es sah keiner der Ärzte oder auch des Pflegepersonals als Notwendig an, mit mir in Ruhe und ausführlich zu reden oder wenigstens nach mir zu sehen oder einfach mal zu fragen, wie es mir damit geht. Man wird einfach allein gelassen Das zeigt ganz typisch das Ärzte nicht lernen mit Patienten umzugehen, denen man nun mal auch schlechte Nachrichten bringen muss. Zum Leben gehört nun mal das Sterben. Eine vernünftige und zwingend notwendige Kommunikation zwischen Arzt und Patient ist notwendig, denn nur so kann dem Betroffen geholfen werden. Ich bin mir sicher, dass die Patienten dem Arzt helfen und ihm sagen, wie weit sie informiert werden möchten. Auch ich habe mir die Befunde schrittweise zu geführt. So wie ich es auch verarbeiten konnte, aber ich hatte auch die Möglichkeit jederzeit an die Befunde heran zu kommen und konnte diese auch lesen und verstehen. Ich empfehle jedem, sich seine Befunde geben zu lassen und von einer neutralen Person, die auch das Wissen hat, genau erklären und erläutern zu lassen, denn nur so kann man für sich die richtigen Entscheidungen treffen. Das was da an Informationen auf einen zu kommt, betrifft alle Bereiche des täglichen Lebens und auch die der Familie und oft müssen oder sollten Entscheidungen schnell getroffen werden.

Nun die Information des OP Ergebnisses war ein Dämpfer, auf den ich hätte verzichten können. Denn mir wurde nun langsam bewusst, das eine Heilung nicht möglich war, sondern nur Zeit zu gewinnen und diese so gut und so lange wie möglich bei guter Lebensqualität zu verbringen. Aber es hat mich in meinem Willen zu Leben nur bestärkt. Auf Nachfrage wie lange ich noch zu Leben hatte, war die Antwort, ein halbes Jahr. Nun als Weihnachtsengel abzutreten kam für mich nicht in Frage. Außerdem fühlte ich mich nicht wirklich krank. Am vierten Tag konnte ich schon wieder meine Runden um die Klinik laufen. Da sich meine Besucher abgesprochen hatten und mich nacheinander besuchten, kamen mindestens zwei bis drei Runden zusammen. Wenn die Anstrengung für den Körper zu viel wurde, merkte ich es immer am Luftmangel. So merkte ich, dass ich körperlich noch weit hinter meiner früheren Fitness war, aber mein Kopf hatte keinen Schaden genommen. Damals konnte ich noch nichts damit anfangen, aber mir war bewusst dass in diesem Gefühl etwas Wichtiges lag. Ich glaube nach so einer Diagnose entwickelt man sich zu einem neuen selbst bewussteren Menschen. Etwas das von allein stattfindet, wenn man es zu lässt.

Am Sonntag wurden die letzten beiden Drainagen gezogen und ich ließ mich beurlauben, nach Hause auf die Terrasse. Meine Besucher kamen daraufhin zu mir nach Hause. Meine Katzen waren beruhigt mich wieder zu sehen. Meine Abwesenheit hatte dazu geführt, dass sie anfingen die Fensterbänke abzuräumen, was sie noch nie getan hatten. Aber auch sie spürten, dass etwas nicht in Ordnung war. Der Nachmittag tat mir super gut. Während der Klinikwoche hatte ich zehn Kilo abgenommen, trotz gutem Appetit. Den Schwestern auf der Intensivstation habe ich alles weg gefuttert was ging. Ich bekam auch jeden Morgen meine große Tasse guten Kaffees. Ich wurde rund um die Uhr super versorgt. Auf Grund der Pfingstferien gab es nur Notoperationen und ich blieb bis zur Entlassung auf der Intensivstation. Ich habe mich mit einem großen Verpflegungsbeutel bedankt.

Bis zur Chemotherapie hatte ich nun sechs Wochen Zeit mich zu erholen. Aber mir wurde es auch nicht langweilig, denn es gab genug zu tun und alles brauchte etwas länger, da ich immer Pausen einlegen musste. Da es eine Angewohnheit von mir war, den Fernseher nebenher laufen zu lassen, nutzte ich immer die Werbepausen um meine häuslichen Pflichten zu erledigen. Eine neue Erfahrung die mir fremd war und an die ich mich nun gewöhnen musste. Außerdem hieß es nun, sich auch um Dinge zu kümmern, wie Perücke aussuchen, Rezepte organisieren, Medikamente für die Chemotherapie usw. Dazu brauchte ich immer einen Fahrer oder Begleitung, da ich noch nicht voll Belastbar war. Das mir die Haare durch die Chemotherapie aus gehen sollten, war nicht so von Bedeutung für mich. Vielmehr haben mich die Wirkung und die Nebenwirkungen der Chemotherapie beschäftigt. Hing doch davon nun die Überlebenserwartung sowie die Lebensqualität ab. In der Zeit bis zur ersten Chemotherapie hatte ich im Internet nach einer heilenden Therapie gesucht. Aber ich fand keine. Viele Ansätze, Hinweise zur Lebensgestaltung, zur Ernährung und viel Unnützes. Nichts das mich weitergebracht hätte. Eine wenig befriedigende Situation. Ich sah für mich noch kein Ende, ich sah mich Leben und Arbeiten, aber ich hatte das Gefühl in der Luft zu hängen. So suchte ich noch einmal das Gespräch mit der Oberärztin die mich operiert hatte. Ein Abschlussgespräch hatte nicht stattgefunden, da ich von der Intensivstation entlassen wurde. Das Gespräch mit ihr brachte mich auch nicht weiter, denn sie meinte nur, dass ich tun und lassen könne was ich wolle. Im Allgemeinen hieß es, genießen sie ihr Leben so lange es ihnen gut geht. Heute weiß ich, hätte ich mich daran gehalten, wäre ich schon Tod. Dieser Satz bedeutet für jeden Betroffenen der sich daran hält, in meinen Augen, das Todesurteil. Denn die Verantwortung für das eigene Leben wird abgegeben. Aber sie gab mir noch den Hinweis, ich solle mir den OP Bericht geben lassen und ich hätte Glück, dass sie die Funktion der Blase erhalten konnte. Daraufhin ließ ich mir sämtliche Befunde ausdrucken. Denn irgendein Amt brauchte eh immer irgendwelche Befunde. Also legte ich mir einen Ordner zu und fing an, alle Befunde zu sammeln. Dadurch konnte ich mir nun auch besser einen Überblick verschaffen, was in meinem Bauch los war. Die Tumore saßen an Stellen, an denen man nicht operieren konnte. Damit fiel für mich auch eine wichtige Entscheidung. Arbeiten als Krankenschwester war nicht mehr möglich. Mit der Erhaltung der Blasenfunktion hatte die Oberärztin recht. Dafür bin ich auch richtig dankbar.

In der ersten Zeit hatte ich auch viele negative Gedanken. Insbesondere wenn ich mir Kataloge ansah, dann dachte ich immer daran, dass ich dies nicht mehr brauchte das ich mir nichts mehr anschaffen würde, denn meine Zeit war ja begrenzt. Eine große Gefahr in Selbstmitleid zu versinken, die ich schnell bemerkte und umdachte. Es mag komisch klingen, aber um nicht unterzugehen kommt man auf die seltsamsten Gedanken. Mit einer gewissen Überheblichkeit sagte ich mir im innersten, ich kann etwas, was ihr als nicht Betroffene nicht könnt, ich mache Erfahrungen die ihr nicht macht, die euch erspart bleiben Aber ich fühlte mich unglaublich stark dabei. Also lasse ich mir nichts anmerken, alles ist normal, ich habe doch nur Krebs. Es gibt viele andere Krankheiten die tödlich enden. Einfach auf das Bauchgefühl hören, das ist immer noch der beste Ratgeber.

Die erste Chemotherapie

Nach sechs Wochen war es nun soweit zur ersten Chemotherapie anzutreten. Ich hatte mich in der Zwischenzeit gut erholt, jede Menge Besuch von Kollegen, Freunden und meiner Schwester gehabt. Das hat mir Kraft gegeben um positiv weiter zu machen. Ansonsten genoss ich die Zeit auf meiner Terrasse und mit meinen Katzen, die sich sehr schnell angepasst hatten, dass nun jeden Tag ein Frauchen zu Hause ist, das die Dosen nach Wunsch öffnet. Katzen haben eben Personal.

Nach dem Vorgespräch in der Onkologischen Ambulanz stand fest, dass ich meine Haare verlieren würde. Das hieß Perücke tragen. Das Schlimmste waren für mich die Nebenwirkungen, die Übelkeit und das Erbrechen und wie geht man damit um. Etwas besser fühlte ich mich als es hieß, ich bin kurativ und nicht mehr palliativ. Und das ich viele Chemotherapien zur Auswahl hätte und somit noch einige Zeit zu leben. Nun wurde mir langsam bewusst, wie hoch der Berg war, den ich zu bezwingen hatte. Da kam bei mir erneut die Frage auf, welche Möglichkeiten gibt es noch dem Krebs entgegen zu wirken, oder als Unterstützung zur Chemo um mich Fit zu halten. Bisher hatte ich mich mit dem Thema noch nicht befasst. Ich wollte es allen anderen und auch mir beweisen, dass man mit Krebs gut leben kann. Ein Wunsch den ich seit Stellung der Diagnose hatte. Ich wollte kein Krebspatient sein, dem man die Erkrankung ansieht. Ich wollte mich nicht in das Heer der Leidenden einreihen. In Gedanken konnte ich es mir auch nicht vorstellen. Ich war froh, dass man mir meine Erkrankung nicht ansah, das ist mir wichtig. Mit meiner Arbeitskollegin und Freundin , die zwei Familienmitglieder durch Krebs verloren hat,konnte mir in dieser Richtung einige Ratschläge und Lektüre geben. Damals konnte ich mich mit Nichts anfreunden.

In der Chemo Ambulanz angekommen, gab es ein kurzes Aufnahmegespräch mit dem Arzt und anschließend mit den Schwestern, über das Verhalten bei Auftreten von

Nebenwirkungen. Die Nebenwirkungen hieß es, würden nach Beendigung der Chemotherapie wieder verschwinden. Die Gespräche waren gut und es gab auch einiges an Informationsbroschüren. Aus meiner heutigen Sicht nicht ausreichend. Meine Meinung ist nach wie vor, Unwissenheit löst mehr Panik und Angst aus, als genaues Wissen. Denn nur dann kann man adäquat auf Zwischenfälle reagieren. Was selbst mir in der Situation als Betroffene nicht bewusst war ist, dass einige der gesetzten Schäden durch die Chemotherapie bleiben würden. Deshalb ist Ehrlichkeit und offener Umgang damit besonders wichtig. Auch Erfahrungen anderer Betroffener zu kennen. Heute weiß ich viel mehr, leider aus eigener Erfahrung. Das Wissen von heute, wäre von Anfang an Notwendig gewesen, aber es sich an zu eignen gehört zu meiner Entwicklung. Der erste Zyklus lief über eine Vigo, was nicht so gut war, denn wenn etwas daneben läuft kann das zu bösen Wunden führen. Daraufhin ließ ich mir einen Port legen. Immerhin sind die Doktoren meiner ehemaligen Station die Spezialisten dafür. So ein dauerhafter Zugang ist einfach Klasse und gibt Sicherheit, dass im Notfall schnell Medikamente gegeben werden können. Ebenso erleichtert es die vielen Blutabnahmen, nicht nur weil ich schlechte Venen habe, sondern die Venen schlechter werden, durch die Chemotherapie. Eine Frage bleibt aber, warum wurde ich nicht im Vorfeld darüber informiert, Zeit war genügend. Leider kam ich auch nicht selbst auf den Gedanken, aber mein Kopf war mit anderen Dingen beschäftigt. Die Zyklen der Chemotherapie lagen im Abstand von drei Wochen. Nach zwei Wochen gingen dann die Haare aus, an einem Sonntag. Da ich von Natur aus dünnes Haar hatte, habe ich mich gefreut endlich mal Haare auf dem Kopf zu haben, Dank der Perücke. Woran ich nicht gedacht habe, wer trägt im Sommer eine dicke Wollmütze? So fühlt man sich darunter. Eine Einsicht zu der ich schnell gekommen bin. Ich fand das mehr als unangenehm. Nun ging es darum eine richtige Kopfbedeckung zu finden. Meine Mitbewohnerin schleppte eine Mütze nach der anderen an. Ich konnte mich mit nichts anfreunden. Die einzige Alternative waren meine noch vorhandenen Kopftücher. Ohne Bedeckung konnte ich mich am Anfang nicht sehen. Im Laufe der Zeit fühlte ich mich aber ohne Kopfbedeckung am Tag am wohlsten. Denn das lästige Schwitzen durch die Hitzewellen war durch die OP nicht verschwunden. Die Wechseljahre gingen weiter. Die Entgleisungen meines Blutzuckers trugen ihr weiteres dazu bei. Nur nachts musste ich eine Mütze tragen, man glaubt ja gar nicht wie kalt es am Kopf sein kann. Es geht eben nichts über die eigenen Haare und Perücke tragen ist definitiv nicht mein Ding.

Nach dem zweiten Zyklus kam ein fürchterlicher Metallgeschmack im Mund dazu. Bei den Mahlzeiten ging es noch zu ertragen, aber Trinken war fast unmöglich. Gegen den Geschmack im Mund gibt es nichts. Da hilft auch kein Bonbon lutschen, da es eher den Geschmack verstärkt. Dazu gesellten sich eine leichte ständige Übelkeit mit Appetitlosigkeit und Ekel vor dem Essen. Diese Symptome begleiteten mich bis zum Ende der Therapie. Damit wurde Essen und Trinken zur Herausforderung. Das was immer ging war zum Glück Obst und etwas Süßes. Was meiner Figur wiederum nicht gut stand. Ich wollte mein Gewicht weiter reduzieren da es dem Heilungsprozess dienen sollte. Übergewicht ist auch bei Krebs nicht gut. Ich habe mich zu jeder Mahlzeit gezwungen, habe gegessen auf was ich gerade Appetit hatte. Beim Trinken bin ich dann auf Grapefruitsaft und Bier alkoholfrei gekommen. Die enthaltenen Bitterstoffe haben es leichter gemacht seine zwei Liter am Tag zu schaffen. Als Diabetiker etwas Trinkbares zu finden war eine zusätzliche Herausforderung. Durch das Cortison welches ich zur besseren Verträglichkeit bekam, war mein Blutzucker außer Rand und Band. Dazu hatte ich eine Unverträglichkeit auf Fruchtzucker. Ich musste deshalb viel Insulin nach spritzen.

So langsam bekam ich auch das Schwächegefühl und die körperliche Erschöpfung zu spüren. Eine ständige Müdigkeit. Nachts kam ich nicht zum Schlafen und am Morgen kam ich kaum aus dem Bett. Ich brauchte am Morgen immer viel Zeit bis ich in den Tag einsteigen konnte. Alles brauchte viel mehr Zeit, eine Sache mit der ich mich nicht wirklich anfreunden konnte und auch nicht wollte. Meine Leistungsfähigkeit wollte ich erhalten, doch mein Körper gab das Tempo vor. So musste ich mir angewöhnen und lernen auf die Zeichen meines Körpers zu hören und mit ihm eins werden. Eine ganze Menge was sich durch so eine Erkrankung verändert und wo man gegen ankämpfen muss. Es raubt wahnsinnig viel Kraft und auch die Motivation leidet darunter. Aber für was oder wen kämpft man? In einer Broschüre hatte ich mich über das Fatiqusyndrom informiert. Es war mir nicht wirklich bewusst, das mir dieses Syndrom erhalten bleiben würde. Als nicht Betroffener muss man sich vorstellen, dass man unter Depressionen leidet, nur ohne negative Gedanken. Am liebsten würde man den ganzen Tag im Bett verbringen, was man auf keinen Fall tun darf, da sich die Symptome sonst verstärken. Für Betroffene wird dieses Thema von den Ärzten gern unter den Tisch gekehrt und wie von meinem Hausarzt als psychisch labil bezeichnet. Eine völlig falsche Diagnose und möglicher weise wird daraus eine falsche Therapie gewählt. Wichtiger ist die Akzeptanz des gesamten Umfeldes. Mein Hausarzt drängte mich immer wieder arbeiten zu gehen. Nur weil ich nicht krank aussah und mich den Umständen entsprechend gut fühlte, hieß das noch lange nicht das ich meine volle Leistungsfähigkeit wiedererlangt hatte.

Da ich nie gelernt hatte mich um mich selbst zu kümmern, setzte ich mir kleine Ziele die ich erreichen wollte. Begann mich um meine Hobbys zu kümmern, für die ich nie die Zeit hatte, aber die mir immer viel Spaß gemacht haben. Wobei ich mir ein Leben ohne zu Arbeiten zu dieser Zeit nicht Vorstellen konnte. Nebenher hatte ich immer die Angst im Nacken sitzen, dass meine Zeit bald abgelaufen sein könnte. Das hat mich in meinen Aktivitäten gelähmt. Während der Chemotherapie begann ich dieses Buch zu schreiben. Eigentlich um meinen Kindern und denen die es interessiert, an meinem Leben mit Krebs teilnehmen zu lassen. Trotz der vielen negativen Dinge die so eine Krankheit mit sich bringt war ich psychisch immer gut drauf und habe jeden Tag genossen. Denn eines kann ich sagen, kein Tag mit einer Chemotherapie ist wie der andere. Alles ist anders, nichts so wie es war. Betroffene werden mich verstehen. Man weiß nie welche Überraschungen der Tag für einen bereit hält. Außenstehenden kann man dies nicht vermitteln. Aber es war gut, dass ich mit jedem offen über die Situation reden konnte. Krebs verändert das gesamte Leben, nicht nur des Betroffenen sondern auch aller im Umfeld, denn diesen Weg sollte keiner allein gehen müssen. Es verlangt auch von der Familie und Freunden viel, sich auf diese

Situation einlassen zu können. Es verlangt Absprachen und die Gewissheit sich darauf verlassen zu können.

Am 15. Oktober war der letzte Zyklus der Therapie. Nun kam es darauf an wie lange die Wirkung anhielt. Und was das CT aussagen würde. Dies fand aber erst im Dezember statt. Wie üblich nach so einer Behandlung wollte die Krankenkasse mich unbedingt zur Reha schicken. Damit ich für sie nicht so teuer werde und die Rentenkasse die Kosten trägt. Das Wort Reha, da steht für mich schon mal Klinik dahinter und der Gedanke, tun was andere denken, dass es mir gut tun soll, das geht in meinen Augen schon mal gar nicht. Wie wollen andere Wissen was ich brauche und was mir hilft. Dass es bei solch einem Befund einer Reha Bedarf kann ich bis heute nicht begreifen. Für mich bedeutete es, dass ich drei Wochen meines Lebens vergeuden würde. Wer sich einer Reha unterziehen möchte sollte es auf jeden Fall tun, aber es sollte keinem aufgezwungen werden. Glücklicherweise konnte ich das bis zum Frühsommer im darauf folgenden Jahr schieben.

Im Dezember lief das CT und es gab eine kleine Verbesserung der Befunde. Die Tumore waren von cm auf mm geschrumpft. Aber sie waren alle noch sichtbar, aber es gaben keine weiteren Metastasen und kein Aszites im Bauch. Mich hat das Ergebnis befriedigt, hat es mir doch gezeigt das kleine Fortschritte möglich sind. Ich entwickelte für mich selbst eine Strategie, um damit leben zu können. Immerhin hatte ich mir doch vorgenommen Alt zu werden. Nun Begann die Zeit des Wartens. Man weiß nicht wie es weitergehen wird .Ein normales Leben zu planen war nicht möglich. Am Ende stand immer, aber was ist wenn, ja was Mein Umfeld und meine Kinder waren erst mal erleichtert. Die akute Phase war überstanden für sie, aber für mich nicht. Denn mir war klar, dass es irgendwann ein Rezidiv geben wird. Die Frage war nur wann. Das darauf keiner eine Antwort geben kann ist mir klar aber. das sind die einsamsten Momente die man haben kann. Eine völlig falsche Einstellung, denn damit hatte ich schon vorgegeben, wie mein Unterbewusstsein reagieren soll. Somit habe ich negative Impulse gesetzt, nur war mir das damals nicht bewusst. Meine Tumore habe ich als Kumpels in meinem Bauch behandelt, als dazu gehörend angenommen. Ich hatte leider keinen

Gesprächspartner der auf mich eingegangen wäre. Heute weiß ich, dass Gespräche mit gleichgesinnten am wirksamsten sind. Aber einer Selbsthilfegruppe wollte ich mich nicht anschließen, da ich mich trotz allem stark genug fühlte es allein durch zu stehen.

Von den Nebenwirkungen der Chemo hatte ich mich schnell wieder erholt aber meine alte Leistungsfähigkeit hatte ich noch nicht zurück. Zumal meine Füße im Januar anfingen zu Schmerzen, zu kribbeln und gefühllos zu werden. Es gab keinen Unterschied zwischen warm und kalt. Das Laufen wurde zur Tortur. Kein Schmerzmittel half und an manchen Tagen hatte ich mir gewünscht, man möge mir die Füße amputieren. Meine Neurologin konnte mir auch nicht helfen. Am Ende meinte sie nur, dass ich jeder Zeit zu ihr kommen könnte, nur nicht wegen der Schmerzen. So viel dazu, dass die Nebenwirkungen nur während der Chemo auftreten. Logisch Nervenschädigungen die gesetzt sind gehen nicht wieder weg. Warum geht man nicht ehrlich mit uns als Betroffene um? Wenn man darauf vorbereitet ist, kann man besser damit um gehen. Denn es ist bekannt dass alle mit Taxol behandelten Patienten diese Probleme haben. Da wären prophylaktische Angebote zum gegensteuern angezeigt. In anderen Kliniken gibt man prophylaktisch Vitamin B dazu. Es gibt also Möglichkeiten, man muss sie nur kennen, aber in dieser Situation kann man sich nicht um alles kümmern, denn man verlässt sich doch auf die Ehrlichkeit des medizinischen Personals. Wenn da kein Hinweis kommt nimmt man es als gegeben hin. Warum wird den Betroffenen keine physikalische Therapie angeboten? Um wenigsten teilweise Linderung zu verschaffen. Es hat meine Lebensqualität sehr negativ beeinflusst. Spaziergänge waren nicht möglich. Einkaufen ging, da ich mich am Einkaufswagen festhalten konnte. Ich fühlte mich allein beim Laufen sehr unsicher auf meinen Füßen. So langsam musste ich aufpassen, das die Nebenwirkungen nicht zur Hauptdiagnose wurden. Vom Kopf her hätte ich Bäume ausreißen können vom körperlichen eben nur Bonsai Bäumchen. Und da hätten wir erneut die Problematik das Mediziner nicht lernen ernsthaft mit kranken Menschen umzugehen. Dazu kommt noch, dass sie viel zu wenig Zeit haben für ihre Patienten.

Eine super Abwechslung war die Einladung meiner Chefin, mit mir zu Ihrer Schwester nach Frankreich zu fahren. Wir wollten dort Plätzchen backen. Ich war noch nie in Frankreich und war mehr als angenehm überrascht. Die Lebensart einfach genial, keine Hektik, gutes Essen, Natur pur, weiß gar nicht was ich noch aufzählen soll. Im Dezember in der Mittagssonne auf der Terrasse sitzen im T Shirt. Die Schwester meiner Chefin ist auch eine göttliche Köchin, ich habe gut und reichlich gespeist, was nach den vorangegangenen Wochen eine Wohltat war. Ich habe viele Leute kennen gelernt, viel gesehen für eine Woche und wir haben reichlich Plätzchen gebacken. Rundum habe ich mich sehr gut erholt und wäre gern noch länger geblieben. Da es auch Katzen gab, so auch einen Sir Winston, der in mein Bett gekrabbelt kam, ließ mich nichts vermissen. Seit November sprossen auch meine Haare wieder. In Frankreich erlaubte ich mir teilweise ohne Perücke zu laufen. Es fühlte sich wie Babyflaum an. Meine Haare wurden nicht voller, aber dafür bekam ich meine Naturlocken zurück, die ich als Kind hatte. Jedenfalls tat es gut weniger Perücke tragen zu müssen.

Zu Hause wieder angekommen versuchte ich so normal wie möglich zu Leben. So langsam mutierte ich zur Hausfrau, war Ansprechpartner für alle Anderen aber irgendetwas fehlte mir. Das Thema meiner Erkrankung wurde immer weiter in den Hintergrund geschoben, dabei hätte ich manchmal das Bedürfnis gehabt darüber zu sprechen. Aber es fällt allen Beteiligten schwer sich mit dem Thema Sterben auseinander zu setzen. Sie sind damit überfordert. Ich musste meine Gedanken, so beschloss ich für mich, in eine mehr positivere Richtung lenken. Den Weg dahin zu finden war nicht leicht. Ich war auf der Suche. Dabei überlegte ich, was bedeutet eigentlich das Wort Selbstheilungskräfte. Weiter kam ich aber nicht. Leider gibt es kein Handbuch dafür. In der Situation fühlte ich mich nicht besonders gut. Ich hatte so glaube ich, ein schlechtes Gewissen mir selbst gegenüber, nicht genügend zu tun. Die Worte dafür müssen noch erfunden werden.

Weihnachten verlief ganz wie von mir gewünscht in Familie. Im Hinterkopf hatte jeder, denke ich, den Gedanken es könnte das letzte gemeinsame Weihnachten sein, denn bis zum nächsten Jahr war es für mich eine lange Zeit, in der auch viel negatives hätte passieren können, obwohl ich nicht daran glauben konnte. Aber man weiß ja nie. Ich möchte an dieser Stelle nochmals erwähnen, dass ich aus der Sicht eines Betroffenen schreibe. Aus meiner Sicht. Wie es generell im Kopf meines Umfeldes aussieht weiß ich nicht. Jeder geht damit anders um. Wir haben versucht meinem Sohn Canasta beizubringen. Wir hatten viel Spaß dabei, denn es bedurfte einiger Erklärungen. Aber im Laufe des Abends hat es auch bei ihm Klick gemacht. Wie von allen gewünscht gab es Gänsebraten mit Rotkraut und Klößen.

Ich begann im neuen Jahr mich meinen Hobbys intensiver zu widmen, wie zum Beispiel Tomatenpflanzen selber zu ziehen. Aus Frankreich hatte ich mir Samen mitgebracht von selbst gezogenen Pflanzen. Meine liegengebliebenen Strichsachen kramte ich wieder hervor und begann auch wieder intensiver zu lesen. Ebenso reifte in mir die Idee ein Buch über mein Leben zu schreiben. Denn meine Erfahrungen hatten mich gelehrt, dass ich viele Fragen an meine Eltern gehabt hätte, die ich nun, da sie verstorben sind, nicht mehr stellen kann. Während der Chemo hatte ich begonnen meine Gedanken und Gefühle aufzuschreiben. Ich empfand es als wichtig durch meine Erfahrungen die ich gemacht hatte, anderen zu helfen. Durch das Interesse der Schwestern und Ärzte, die unbedingt meine Erlebnisse lesen wollten, entstand der Gedanke dieses Buch zu schreiben. Auf was ich mich da eingelassen hatte war mir nicht bewusst. Jeder der mich kannte wollte an meinem Leben mit Krebs teilhaben. Somit hatte ich genügend Beschäftigung.

Eine weitere Entscheidung stand im Januar an. Wieder Arbeiten zu gehen war nach den Befunden und der elf verbliebenen Tumore nicht angezeigt. Allerdings wollte mein Hausarzt immer noch, dass ich so bald als möglich wieder anfange. Wäre auch nicht weiter schlimm gewesen, wenn ich meine alte Leistungsfähigkeit zurück erlangt hätte. Aber zwölf Tage am Stück waren fern jeder Realität und auf Station hieß es, hundert Prozent einsatzfähig, da kann keine Rücksicht genommen werden. Letztendlich ging es um die Frühberentung. Nach 75 Wochen läuft das Krankengeld aus und die Reha soll zeigen ob eine Arbeitsfähigkeit gegeben ist oder nicht. Die letzte Entscheidung trifft aber der Chef der Rehaklinik. Damit kamen bei mir Existenzängste auf, was ist, wenn in der Reha festgelegt wird, dass ich Arbeitsfähig bin. Das würde heißen, dass ich mich ins Heer der Arbeitslosen einreihen müsste. Als Krankenschwester weiter zu arbeiten war nicht möglich. Eine Umschulung konnte ich mir nicht vorstellen Als nächstes kam die Frage auf, wie stehe ich finanziell da, welche Konsequenzen ergeben sich daraus. Kann ich in unserem Häuschen wohnen bleiben, gibt es Möglichkeiten irgendwo Unterstützung zu bekommen. Diese Sorgen und Ängste sollten Krebskranken erspart bleiben Es sind Stresssituationen die wir nun wirklich nicht gebrauchen können. Da wäre mehr Hilfe von den Ämtern von Nöten. Was mir auch nicht bewusst war ist, dass ich zu der Chemo pro Beutel eine Zuzahlung in Höhe von 10 Euro leisten muss. Nicht zu vergessen die vielen Rezepte die nun mal dazu kamen. Bei weniger Einkommen eine Bürde die es zu stemmen galt. Dazu kommen noch Taxikosten, da aus rechtlichen Gründen man nicht selber zur Chemotherapie fahren darf. Ich musste feststellen, dass man sich eine Chemo auch leisten können muss.

Nun ging es um die Reha. Ich suchte nach Möglichkeiten eine ambulante oder eine Reha in meiner Nähe zu finden. Aber nicht mal als todkranker Patient darf man sich eine Klinik aussuchen, in einer Gegend die einem gefällt, denn da wo ich hin sollte, sind auch tagsüber die Bürgersteige hochgeklappt. Eine Klinik oben auf dem Berg, für fußkranke schwierig in den Ort zu kommen, geschweige denn Spaziergänge zu unternehmen, da rundherum nur Anstiege waren, also gefangen und festgehalten in der Klinik. Diese Informationen hatte ich aus dem Internet. Ich war mehr als angepisst. Entschuldigung, aber da war ich nun mehr als fehl am Platz. Im Mai musste ich nun doch zur Reha, was mich im Vorfeld fürchterlich gestresst hat. Ich fand es unmöglich, dass bei solch einer Diagnose noch geklärt werden muss ob eine Arbeitsfähigkeit vorliegt. Mit der angeblich geringen Lebenserwartung sollte dies kein Diskussionspunkt mehr sein. In Gedanken lief mir die Zeit davon. Und dann noch drei Wochen in der Klinik. Meine Mitbewohnerin lieferte mich in der Klinik ab. Mein Zimmer hatte einen wunderbaren Blick auf die Ortschaft und die Landschaft rings umher, das war aber auch schon alles. Ich wohnte im 7.Stock eines Wohnblocks, Plattenbau mit Balkon. Es gab ein sehr kurzes Aufnahmegespräch mit der Schwester danach ein längeres mit der Sozialarbeiterin. Dann kam die ärztliche Aufnahmeuntersuchung mit Festlegung der Therapien. Man konnte auch sagen es fand eine Fleischbeschau statt. So habe ich mich jedenfalls gefühlt. Es wurde jede Narbe und jede Auffälligkeit am Körper aufgenommen. Als Patient bekam man immer mehr das Gefühl entmündigt zu sein. Ein wirkliches Mitspracherecht hatte ich nicht, aber es ging ja auch nur um mich. Zum Abendessen wurde ich als einzige Neue an einen Tisch platziert mit vier sich untereinander kennenden Reha begeisterten. Zudem hatten sie weniger Beschwerden als ich und vor allem keine Probleme beim Laufen. Aber alle vier hatten dieselbe Erkrankung wie ich. Sie waren alle wieder berufstätig so als wenn nichts gewesen wäre. Eine Einstellung die ich nicht nachvollziehen konnte .Warum hatten sie nicht die Beschwerden, die ich hatte. Heute sehe ich das anders .Aber ich blieb die Neue die ich nun mal war. Meine Tischgenossinnen waren schon das zweite Mal in der Klinik was ich mir nun gar nicht vorstellen konnte und es ging immer nur darum eine Verlängerung zu bekommen. Für mich kein Thema. Hilfe, nur das nicht, aber clever wie ich nun mal war, hatte ich einen unaufschiebbaren Termin in der Onkoambulanz wegen der Teilnahme an einer Studie organisiert. Nach der ersten Chemo wurde ich gefragt, ob ich bereit wäre an einer Studie teilzunehmen. Für mich gar keine Frage, musste ich doch entsetzt feststellen, dass die erste Chemo die ich erhielt, schon vor dreißig Jahren gegeben wurde, als ich auf der Onkologie der Uni in Leipzig gearbeitet habe. Man könnte auch sagen dass ich einen Arbeitsunfall hatte, denn die Chemo musste damals noch als Lösung hergestellt werden. Natürlich ohne den Schutzmaßnahmen die es heute gibt. Das Mittel ließ sich sehr schwer lösen und Handschuhe waren Luxus und blieben den Ärzten vorbehalten. Arbeitsunfall deshalb da Chemotherapeutika Krebs auslösen können. Sie werden auch über die Haut aufgenommen.

Nur gut das ich für meinen Sohn und seine damalige Freundin für das mittlere Wochenende ein Zimmer in einem Hotel bestellt hatte, um aus der Klinik zu kommen und mal was anderes zu sehen. Es gab zwar nette Ausflugsangebote aber nicht alle waren für fußkranke geeignet. Zudem musste natürlich auch ein Unkostenbeitrag gezahlt werden. So hatte man die Chance auch mal den übertrieben fleißigen Diätassistentinnen zu entkommen. Was sich bei den Damen noch nicht herum gesprochen hatte war, dass es keine Diabetesdiät mehr gibt, sondern die Patienten alle dahin geschult sind, entsprechend ihren Blutzuckerwerten ihre Medikamente zu nehmen oder Insulin zu spritzen. Aber ich wurde mit Argusaugen überwacht, was ich zu mir nahm. Wenn es sich um eine gesunde appetitliche Nahrungszusammenstellung gehandelt hätte, wäre ich echt begeistert gewesen, da ich nach so etwas gesucht hatte. Nur leider musste ich feststellen, dass die Zeit dort stehengeblieben war, welches auch die Vorträge der Ärzte belegten .Neun Stück standen auf meinem Therapieplan. An dem Wochenende als mein Sohn mich besuchte, regnete es und es war sehr kalt. Wir besuchten ein Bergwerk und waren in einigen Glasbläsereien. Alles in allem trotzdem eine willkommene Abwechslung. Kurz vor meiner Abreise lernte ich eine Betroffene kennen die mich ansprach und nach meiner Erkrankung fragte und mich mit Fragen überhäufte. Ich musste feststellen, dass eine Aufklärung von Seiten der Ärzte über die Erkrankung und den Einfluss auf das weitere Leben, wie bei dem meisten anderen nicht stattgefunden hatte. Die medizinischen Begriffe, waren ihr logischer Weise nicht bekannt. So kam es bei ihr zu einem 14 Tage langen tiefen Fall ins Nichts, aus dem nicht jeder aus eigener Kraft wieder herauskommt. Mit ihr konnte ich mich wunderbar austauschen, jeder wusste wovon der andere sprach ohne groß Erklärungen abgeben zu müssen. Das tat mir sehr gut. Wir wurden innerhalb der wenigen Tage gute Freundinnen. Sie konnte mich motivieren in meinem Leben etwas zu ändern bzw. nachzudenken was vielleicht nicht richtig läuft, was mir nicht gut tut. Durch sie bekam ich den Anstoß, über die sogenannten Selbstheilungskräfte intensiver nachzudenken. Was kann beispielsweise eine Ernährungsumstellung in Bezug auf eine Krebserkrankung bewirken. Wie schädlich ist Zucker Ich bewunderte ihre offene Art mit diesem Thema umzugehen und die Dinge beim Namen zu nennen. Sie fragte auch immer, warum sagt das denn Keiner, kein Arzt, die müssen es doch wissen. Mit vielen Ansätzen fuhr ich nach Hause und wusste nun in welcher Richtung ich aktiv werden musste. Wenn wir uns eher über den Weg gelaufen wären, hätte die Reha richtig Spaß machen können. Leider ging es mir in der letzten Woche immer schlechter, ich war nur noch müde und froh als der Tag meiner Entlassung endlich da war. Gleich am nächsten Tag hatte ich ja den Termin in der Onkoambulanz. Wie schon von mir befürchtet waren die Tumormarker wieder gestiegen und es hieß wieder eine Chemo. Es wurden die Termine zur Vorbereitung der Chemo festgelegt. Das Ganze hat mich total umgehauen, es mag komisch klingen, aber ich war maßlos enttäuscht von mir selbst, es nicht länger geschafft zu haben. Ich hatte das Gefühl das mir irgendjemand den Todesstoß versetzt hatte, waren doch seit der letzten Chemo nur acht Monate vergangen. Ich war mir sicher, das ist das Ende. Es war für mich schlimmer als die Erstdiagnose. Ich hatte das erste Mal Angst, Todesangst, aber keine Tränen und ich fühlte mich allein. Sehr allein. Zudem hieß es leider auch, dass ich nicht mehr an der Studie weiter teilnehmen konnte. In dem Moment hätte ich dringend einen Gesprächspartner gebraucht. Immer wenn sich die Gelegenheit anbot, dass ich anfing über meine Situation zu reden, wurde das Gesprächsthema gewechselt. Zum Teil konnte ich es ja verstehen, denn für Außenstehende ist schwer zu verstehen was in mir vorging. Für mich trotzdem unverständlich, warum keiner versucht hat, mir einfach nur zu zuhören. So habe ich den Kampf allein aufgenommen, denn ein Ende konnte und wollte ich nicht sehen. Die Telefonate mit meiner in der Reha kennengelernten Freundin halfen mir, auch sie war entsetzt über den Rückfall und sie war die einzige die mir Ratschläge gab, die mir wirklich halfen und mich wieder aufbauten. Aus meinem Umfeld kam nicht viel. Was mich zu diesem Zeitpunkt enttäuschte, sie wollten mir doch alle helfen, wo war jetzt diese Hilfe. Ein zu großes Anspruchs Denken von mir. Was ich eigentlich dachte war, dass sie mehr Interesse zeigen sollten, aber damit waren sie einfach überfordert. Das war mir damals nicht klar. Im CT waren die Tumore gleich groß zum CT nach der ersten Chemo, aber es gab einen neuen Tumor an der Milz. Ich teilte allen die Ergebnisse mit und es wurde. zur Tagesordnung übergegangen. Heute weiß ich, dass es für mein Umfeld genau so ein Schock war wie für mich.

Die zweite Chemotherapie

Bei der Ovarstudie musste ich Tabletten einnehmen. Es war eine Blindstudie und ich wusste nicht ob ich ein Placebo oder das eigentliche Medikament erhielt. An Hand der Nebenwirkungen, die bei mir nicht auftraten nahm ich an, dass ich in der Placebo Gruppe war. Durch das Rezidiv konnte ich nicht weiter an der Studie teilnehmen. Der größte Vorteil einer Studie ist, die engmaschige Betreuung. Es ist nicht immer einfach über die Hausärzte oder den Gynäkologen die Nachsorge zu erhalten die man braucht. Keiner fühlt sich dafür verantwortlich. Es wird in erster Linie nach den Kosten für die Praxis geschaut. Obwohl es heißt, bei onkologischen Patienten lieber eine Untersuchung zu viel als eine zu wenig. Da macht keine Krankenkasse Probleme. Mit meiner Frauenärztin hatte ich Glück.

Die dritte Chemotherapie

Die Nebenwirkungen der dritten Chemo sollten schleichender sein, es konnte zu Hitze und brennen an den Extremitäten kommen. Dafür blieben die Haare auf dem Kopf, so zu sagen als Entschädigung keine Perücke tragen zu müssen. Also ging ich die Chemo an, voller Hoffnung auf Heilung. Damals sagte ich mir ein halbes Jahr Chemo und ein halbes Jahr Tumor frei ergibt auch ein Jahr. Ein irrer Gedankengang. Bis auf einen schwachen nicht zu beschreibenden Geschmack im Mund, war der erste Zyklus gut zu ertragen. Am 3.Tag nach der Chemo bekam ich einen Fatique Anfall. Ich kam einfach nicht auf die Beine, schlapp und müde keine Lust irgendetwas zu tun. Leider hielt es drei Tage an. Ich fühlte mich in meiner Selbstständigkeit eingeschränkt. Mein ständiges Schlafbedürfnis war eine neue Erfahrung für mich, ebenso am Morgen noch schlechter aus dem Bett zu kommen. Es dauerte jeden Tag eine Ewigkeit bis ich in Gang kam um meine häuslichen Pflichten erledigen zu können. Ich begann das erste Mal über eine Haushaltshilfe nachzudenken. Aber dafür kam ich mir dann doch zu fit vor. Hilfe aus meinem Umfeld zu bekommen war nicht möglich, aber ich merkte, dass meine wenige Belastbarkeit langsam in Stress ausartete, was ich nun überhaupt nicht gebrauchen konnte. So kämpfte ich mich Tag für Tag durch die Chemo. Wobei ich sagen kann, kein Tag ist wie der andere, Übelkeit und Würge reize wechselten sich ständig ab. Sie kamen meist aus heiterem Himmel und ich war dem leider ausgeliefert. Dieses ausgeliefert sein ist schrecklich, denkt man doch immer es könnte in Richtung sterben gehen, einfach auch aus den Erfahrungen als Krankenschwester.

Im September hatte ich mit meiner Mitbewohnerin eine Schiffsreise gebucht zwischen zwei Chemotherapien. Mit einer Krankenschwester an Bord, in Person meiner Mitbewohnerin, konnte ja nichts schief gehen. Es war der erste Urlaub dieser Art und eine positive Erfahrung die ich noch einmal wiederholen möchte. Wir konnten es kaum glauben, wir zwei auf so einem riesen Schiff, mit dem Luxus und den Angeboten. Dazu das sonnige warme Wetter und das blaue Meer. Man wurde von allen Seiten verwöhnt und vor allem gut verköstigt. Ich konnte mein Essverhalten gut ausleben, denn mein Appetit entsprach immer noch dem einer Schwangeren. Vor allem mal nicht kochen müssen, erhöhte meinen Appetit. Es war wie auf dem Traumschiff im ZDF. Es waren wunderschöne erholsame Tage und ich habe sie genossen.

Nach der Schiffsreise machte ich mir mal wieder Gedanken, wie ich den Krebs besser in Schach halten könnte .Im Internet gab es viele Therapieansätze, aber es viel mir schwer an irgendetwas zu glauben oder es war mir zu anstrengend oder zu teuer. So rief ich meine Heilpraktikerin an, was sie mir raten würde. Auch eine Misteltherapie konnte ich mir vorstellen. Aber sie riet mir davon ab, da es zu viele Nebenwirkungen und zu wenige Erfolge aus ihrer Sicht gab. Sie empfahl mir, es mit der Acaibeere zu probieren in Form eines Multivitaminsaftes. Also machte ich mich im Internet schlau, was es mit dieser Beere auf sich hat und ich fand, man konnte damit zumindest nichts falsch machen. Es wurde auch beschrieben, dass es bei Leukämien gut angeschlagen hat, bis hin zur Heilung. Das konnte ich mir nun gar nicht vorstellen. Ich kaufte diesen Saft und seine Wirkung hat mich überzeugt, meine Akkus wurden wieder aufgeladen, ich fühlte mich fit. Endlich war ich wieder voller Energie und kein Virus konnte mir etwas tun. Mein Sohn konnte die Wirkung nur bestätigen, denn er musste zu einer Prüfung antreten, war aber müde und kaputt, hatte auch bedenken sich alles merken zu können. Mit Hilfe der Acaibeere hat er die Prüfung bestanden, da auch er seine Akkus aufladen konnte.

Wegen der erneuten Chemo und den Rückfall waren die Ansätze die ich in der Reha gefasst hatte in Vergessenheit geraten. Durch die Übelkeit machte die Ernährungsumstellung für mich keinen Sinn. Die tägliche Nahrungsaufnahme war trotz aller Widrigkeiten ein wichtiger Bestandteil meiner Therapie, denn der Körper brauchte Energie um funktionieren zu können. In dieser Situation ist es wichtiger zu Essen auf was man Appetit hat, als irgendeiner Diät zu folgen. Zu meinen schmerzenden Füßen kam nun auch noch ein brennen und Hitzegefühl dazu. Besonders in der Nacht machte mir dies zu schaffen, denn unter der Bettdecke wurde es unerträglich heiß, aber wenn ich die Füße aus dem Bett hängen ließ wurden sie kalt. Jeder kennt das, wenn man kalte Füße hat, kann man nicht einschlafen. Ich kann jetzt dazusagen, mit heißen, kochenden Füßen ebenfalls nicht. Ich legte all meine Hoffnung in den Saft. Immerhin waren alle notwendigen Vitamine und Enzyme drin. Mir ging es dabei so gut, dass ich mir Gedanken machte einen Nebenjob anzunehmen. Meine Mitbewohnerin meinte, als Servicekraft in dem Altenheim in dem sie arbeitete, wäre ich gut aufgehoben. So nahm ich das Angebot zur Probe zu arbeiten an. Der Job hätte mir sogar Spaß machen können, aber bei der miesen Bezahlung hätte ich fast den ganzen Monat arbeiten müssen. Das hätte ich aber mit dem Haushalt und Katzen nicht unter einen Hut gebracht. Auch meine schmerzenden Füße hätten es nur bedingt zugelassen. Außerdem wollte ich nicht wieder in meinem alten Job arbeiten, aber was ich genau wollte, wusste ich auch nicht. Für mich stand nach dem Probearbeiten fest, dass mir keiner mehr sagt, wann, wie und wo ich zum Dienst zu erscheinen hätte. ich wollte selbst bestimmen, wann ich arbeite. Ich genoss meine freie Zeit und meine Entscheidungsfreiheit.

Zwischen dem 5. und6.Zyklus fuhr ich mit meiner Chefin wieder nach Frankreich. Diesmal landeten wir in einer herrlichen Schneelandschaft und es hieß Schnee schippen .Natürlich haben wir auch wieder Plätzchen gebacken und auf Grund der großen Nachfrage gleich die doppelte Menge. An der wunderschönen Landschaft konnte ich mich kaum satt sehen. Die französische Küche zu genießen und nicht selbst kochen zu müssen war das Beste. Es war eine wunderbare erholsame Woche. Gefreut habe ich mich auch auf Sir Winston, ein Gast bei der Schwester meiner Chefin, der im letzten Jahr von ihr nur geduldet wurde, da sie selbst schon zwei Katzen hatte. Leider war im letzten Jahr eine Katze nicht wieder nach Hause gekommen und so wurde auch durch mein zureden Sir Winston von ihr adoptiert .Winston kam immer zum aufwärmen an den Ofen und später in mein Bett unter die Decke.

Während des Aufenthaltes in Frankreich zog mein Sohn bei uns ein, er hatte sich von seiner Freundin getrennt und stand nun ohne Wohnung da. Mit ihm zog auch sein Hund Bruno ein. Ein 18 Jahre alter dementer, fast blinder, tauber Hund. Mein Sohn hatte sich entschieden in die Selbstständigkeit zu gehen. Er begann einen Neustart den ich nur begrüßen konnte .Ich war froh wieder eins meiner Kinder bei mir zu haben. Trotz allem, geriet erst mal alles etwas durcheinander, was nicht weiter dramatisch gewesen wäre, wenn es mir allgemein besser ginge .Ich fühlte mich schlapp und müde und gestresst, konnte aber nicht sagen warum. Ich hatte das Gefühl das mir alles über den Kopf wuchs .Ich war einfach unzufrieden mit mir.

Über eine Partnervermittlung im Internet lernte mein Sohn seine künftige Frau kennen. Es gibt nichts Schlimmeres als einen verliebten über dreißigjährigen Sohn .Ich habe nur gedacht, hoffentlich ist es diesmal die richtige Frau die er gesucht hat.

Einen Tag vor Silvester hatte ich den letzten Zyklus der Chemo mal wieder geschafft und ich hoffte nun auf ein gutes Ergebnis im CT, welches im Januar geplant war. Leider ergab dies nur einen Stillstand des Tumorwachstums, aber immerhin war der Scheiden stumpf wieder verschwunden. Die Befunde in der Lunge konnten nicht sicher gedeutet werden. Aber man war sich wenigsten sicher, das es keine Metastasen waren, alles in allem kein wirklicher Erfolg. Es blieb mal wieder die Hoffnung, dass die Wirkung der Chemo möglichst lang anhielt und sich vielleicht der Befund noch verbesserte.

Im Februar zog mein Sohn zu seiner zukünftigen Frau die beiden passen gut zusammen. Manchmal kann Internet auch positiv sein. Vor lauter Stress hatte ich keine Zeit, mich mit mir selbst zu befassen. Mit meinen Gedanken war ich immer unterwegs eine Lösung für meine Probleme zu finden, aber ich kam nie an. Da war unser dementer Hund Bruno der mehrmals Gassi geführt werden musste, er war mein Tageskind, das hieß von halb sechs Uhr morgens bis abends um fünf Uhr. Gut dass wir einen kleinen Garten um unser Häuschen haben. Da Bruno immer vergaß dass er gerade Gassi war, konnte ich ihn in den Garten lassen. Die Spaziergänge mit dem Hund taten mir gut und ich konnte meine Füße und meine Fitness prüfen. Denn dank seiner funktionierenden Nase fand Bruno immer den Weg zum Metzger, wo ein Wienerle auf ihn wartete und damit konnte ich die Wege immer weiter ausweiten. Im Mai mussten wir ihn leider einschläfern lassen, er hatte aufgehört zu fressen. Er fand bei einer guten Freundin meines Sohnes einen Platz im Garten .Damit war auch ein Kapitel im Leben meines Sohnes Abgeschlossen. Zeit, mich von der Chemo zu erholen war dennoch nicht gegeben. Ich hatte die Buchführung meines nun selbstständigen Sohnes übernommen. Ebenso mussten in die Unterlagen meiner Mitbewohnerin Ordnung gebracht werden. Meine Tochter und ihr Freund legten ihre Ordner auch gleich mit dazu. Da war einiges zu erledigen und viele Telefonate zu führen .Es hat mir Spaß gemacht aber auch viel Zeit geraubt. Zeit die ich für mich hätte investieren müssen. Um die Probleme zu verringern musste ich aktiv werden in der Hoffnung, dass alle die es betraf, mitspielten .Mir war bewusst, wenn ich so weiter mache verringert sich meine Lebenserwartung. Das letzte halbe Jahr hatte es in sich, die Chemo, der Einzug und Auszug meines Sohnes, Bruno, der mich viel Nerven gekostet hat, die Weihnachtsvorbereitungen und und und…Ich hatte über meine Verhältnisse gelebt und meinem Körper viel zu viel zugemutet.

Zum Karneval im Februar fuhr ich zu Sigrid, meiner Freundin aus der Reha. Ich brauchte dringend den Abstand von meinem zu Hause. Durch den Abstand konnte ich besser auf meine momentane Situation von außen schauen. Wir konnten uns super austauschen über unsere Erkrankung, unser Tun, um mit der Erkrankung zu leben, jeder von uns wusste wovon der andere sprach .Wir suchten nach Wegen, wie ich meinen Krebs besiegen und was ich in meinem Leben anders machen könnte. Sie hatte bis dahin kein Rezidiv. Also was machte sie anders als ich? Da war auf alle Fälle mal eine andere Einstellung dem Leben gegenüber. Zu dieser musste ich unbedingt finden, aber das geht nicht so einfach. Mental war sie völlig anders drauf, dies bewies sie mir immer bei unseren Gesprächen, indem sie mich immer verbesserte. Ein Satz kam sehr oft vor" Falsche Gedanken". Dazu kam seit ihrer Erkrankung eine strikte Ernährung die sie konsequent einhielt. Auch das Fitnessstudio war ein wesentlicher Bestandteil ihres Lebens. So langsam fing ich an zu begreifen, wohin mein Weg gehen muss, wenn ich weiter Leben will. Wir analysierten auch meine Situation und mussten feststellen dass es in meinem Tagesablauf viel zu viel Stress gab. Mir half es zwar für alle anderen da zu sein, aber meine Gedanken sollten sich doch mehr um mich selbst drehen. So entstand bei uns beiden die Idee, noch einmal eine Reha zu beantragen und uns drei Wochen lang Entspannung zu gönnen. Zum Karneval nach Düsseldorf sind wir natürlich auch gegangen. Für mich ein tolles Erlebnis einmal so Karneval zu feiern. Von der Mentalität der Leute in Düsseldorf her in Schwaben unvorstellbar, sollte man unbedingt mal mitgemacht haben. Zu Hause angekommen begann ich meine Ernährung um zustellen, so wie es Sigrid mir gezeigt hat. Es war schwerer als gedacht. Nur 100g Fleisch und Fisch in der Woche war nicht viel. Aber ich zog das Schema einfach durch und merkte, dass ich anfing auch gegenüber meinem Körper, eine andere Einstellung zu bekommen. Es war mir auf einmal wichtig geworden, dass ich ihm nur gutes zuführe und mehr auf mich geachtet habe. Gutes zuführen hieß, das es keine Lebensmittel mehr gab mit irgendwelchen Zusatzstoffen. Es kam nur noch frisches auf den Tisch, selbst zubereitet. Zucker war komplett gestrichen. Damit war auch der Abstand zu meinem Umfeld größer geworden Meine Sorgen und Gedanken um die Anderen war weniger geworden und somit auch mein Stresslevel.

Im Mai hatte ich eine Woche am Gardasee gebucht mit meiner Tochter und meinem fast Schwiegersohn. Hier konnte ich mich immer am besten Erholen. Es ist eine Sucht die Landschaft innerlich aufzusaugen, vor allem bei Nacht. Wir wohnten wieder auf dem Berg und hatten einen wundervollen Blick auf die gegenüberliegenden Berge und den See. Da mein Schwiegersohn noch nicht in Italien war, wollte er unbedingt nach Venedig. Leider hatten wir uns den heißesten Tag ausgesucht. Mein fast Schwiegersohn versuchte sich als Stadtführer. Ich habe bei seiner Führung Stadtteile gesehen, die ich noch nicht kannte, obwohl ich schon drei Mal in Venedig war. So kamen wir mit den Linienboten durch ganz Venedig bis Schluss endlich auch auf den Petersplatz. Wir haben auch die großen Kreuzfahrtschiffe gesehen, am liebsten wäre ich sofort davon geschippert. Einfach weg. Es waren große Touren die wir unternommen haben, die ich alle gut durchgehalten habe, mit kleinen Pausen zwischendurch. Auf eine Entdeckung die mein fast Schwiegersohn gemacht hat, hätte ich verzichten können. Schlangen! Am Ufer gab es hunderte von kleinen Schlangen. und auf einem Stein lag auch eine richtig dicke große Schlange. An die Geckos kann ich mich ja gewöhnen, die finde ich niedlich, aber an Schlangen? So eine Woche mit den beiden kann aber auch ganz schön anstrengend sein, denn einer zickt immer. Ich glaube ein Sack Flöhe hüten ist einfacher, aber die beiden müssen klar kommen und das tun sie auch. Ich habe mich jedenfalls gut erholt und wieder Kraft schöpfen können.

Die vierte Chemotherapie

Wie Notwendig das war stellte sich bald heraus. Bis Anfang Juli führte ich ein ganz normales Leben, wie jeder andere auch. Dann stand die große Gyn. Untersuchung an, leider mit dem Ergebnis das der Tumor am Scheiden stumpf wieder gewachsen war. Ein Ergebnis mit dem ich nicht gerechnet hatte, denn ich fühlte mich gut, insbesondere nach dem Urlaub. Es wurde wieder ein CT gefahren und das Ergebnis war niederschmetternd. Der Tumor war explodiert, die gesamte Bauchdecke voller Tumore, mit Verdacht auf Metastasen in der Lunge und einem neuen Tumor im Unterbauch. Mich beschlich leichte Panik. Für mich war es fünf nach zwölf und ich hätte am liebsten an gar nichts mehr gedacht. Keiner in meinem Umfeld wollte es wahrhaben, niemand mit mir reden oder zu hören. Sicherlich verständlich für Außenstehende, aber wer hat an meine Situation gedacht, wie ich mich gefühlt habe. Trost und Zuversicht spendete mir Sigrid. Ich glaube keiner konnte verstehen, was es für mich bedeutet hat. Seit der letzten Chemo waren mit gut rechnen gerade mal sechs Monate vergangen, wenn ich Glück hatte bekam ich eine erneute Chemo. Ich hatte Glück und der Marathon zur Vorbereitung der Chemo begann. Im letzten CT war eine Thrombose am Portsystem festgestellt worden, das hieß, ich brauchte einen neuen Port. Meine Beziehungen zu meiner Station halfen mir schnell einen Termin zum aus und Einbau eines neuen Ports zu erhalten Dies war Notwendig um die Chemo zu verabreichen. Übrigens sind wir hier nicht in einer KFZ Werkstatt. Alles lief ohne Probleme ab, denn die Zeit drängte, zum einen hatten wir den Termin zur Reha, zum anderen sagte mir meine innere Stimme, dass es keine Zeit zu verlieren gab. Der Arzt in der Onko Ambulanz meinte jedoch, ich solle den Sommer genießen, denn ob ich den nächsten Sommer noch erleben werde sei nicht gewiss. Diese Form von Ehrlichkeit habe ich nicht gemeint, unsensibler kann man gar nicht sein. Klare Ansage, es kann ja auch jeder damit umgehen. Für Patienten in meiner Situation mit Sicherheit sehr einfühlsam. So etwas möchte man einfach nicht hören, denn man weiß ja, dass es jeder Zeit vorbei sein kann. Außerdem ziehen solche Äußerungen einen total runter und was denkt der Arzt, wer einen auffangen soll , wenn man es nicht selber schafft, zudem kostet es zusätzlich Zeit und Kraft um sich wieder zu fangen Nach dem ich die Information verarbeitet hatte , drehte ich mich wieder innerlich um , und sagte mir, mich betrifft es nicht, ich werde alt, dass hatte ich mir ja vorgenommen.

Nebenwirkungen der nun folgenden Chemo wie, Polyneuropathien, also Nervenschmerzen an den Extremitäten, sollten nicht auftreten, dafür Gelenkschmerzen, wo ist da noch der Unterschied, Haarausfall, hurra endlich wieder Perücke tragen, sowie Blutbildveränderungen, Blutungsneigung und erhöhter Blutdruck. Wenn ich das alles überlebe, sollte ich geheilt sein. Ich sollte ein neues Medikament bekommen ein Serum welches die Blutzufuhr zu den Tumoren verhindern soll. Tumore bilden ihr eigenes Gefäßsystem. Das Medikament heißt Avastin, dazu Carboplatin und Gemza und am Tag 8 noch einmal Gemza. Eine Hammerchemo, da die Medikamente auf das Rückenmark und die Nieren gehen. Eine letzte Chance. Noch kurz vor der Reha konnte ich den ersten Zyklus beginnen .Wie gewünscht und erhofft hatte ich die erste Chemo ganz gut vertragen, aber auch gleich gemerkt, wie anstrengend diese Chemo ist. Durch den Abfall der Thrombozyten und Leukozyten ist man ganz schnell an der Grenze der Belastbarkeit angekommen. Durch die Reisevorbereitungen für die Reha war ich genügend abgelenkt von der bevorstehenden Chemo, dem zweiten teil. Ich freute mich auf die Reha im Gegensatz zum ersten Mal.

Sigrid hatte sich vorgenommen mich auf den richtigen Weg zu bringen, physisch und psychisch. Ich war auf der Suche nach dem für mich geeigneten Weg, nach den Selbstheilungskräften. Nach den Kräften in meinem Inneren. Eigentlich hatte ich mich gut gefühlt, war wesentlich gelassener, denn was sollte mir noch passieren, negatives hatte ich genug, also konnte mir nur noch positives geschehen. Als Schlimm empfinde ich nur, wenn man gemieden wird als hätte man eine ansteckende Krankheit. Das passiert einem immer wieder einmal.

Ich war bei dieser Chemo jedes Mal für drei Tage außer Gefecht gesetzt. Völlig müde und kaputt. Ich hatte auch mit Schwindel zu kämpfen. An manchen Tagen konnte ich mir kaum etwas zu Essen zubereiten. Im Haus Treppen zu steigen war eine riesen große Anstrengung. Also wurde jeder Handgriff genau überlegt um nicht unnötige Kräfte zu verschenken.Auch sonst gab es all die bekannten Nebenwirkungen. Meine Haare wollte ich aber diesmal nicht hergeben. Ich legte all meine Hoffnung in die Chemo und in die Reha mit Sigrid.

Mit Sigrid hatte ich schon viel über den Lebenswandel und was sie so alles gemacht hat am Telefon geredet. Leider konnte ich mich damit nicht identifizieren. Mir fehlte der Input und Wissen. Sigrid hat sich einer strengen Ernährungsform unterworfen von der sie keinen Millimeter abwich. In der Lektüre gehen die Meinungen zur Ernährung bei Krebs weit auseinander und jede gibt eine logische Erklärung ab. Wenn dann keiner mehr weiter weiß, kommen die Selbstheilungskräfte ins Spiel. Mir wurde langsam bewusst, dass ich eine eigene Lösung bzw. Weg finden musste, mit dem ich mich selbst identifizieren kann, an etwas wovon ich überzeugt bin, woran ich glauben kann. Somit begann ich mich mit Therapien zu befassen, die aus der Heilpraktika stammen, las viele Bücher und befasste mich genau mit der Krebsentstehung. Der Bedeutung von Vitaminen und Enzymen.

In der Reha waren wir unter Gleichgesinnten, jeder wusste wovon man sprach, jeder hatte sein Päckchen zu tragen mit mehr oder weniger Aussicht auf Heilung. Der Austausch über verschiedene Bewältigungsstrategien war wichtig für mich. Ich freute mich diesmal auf die Reha und nahm es als Erholung vom Alltag. Mir war es auch diesmal wichtig, Zeit für mich zu haben und für mich etwas zu tun. Da wir mit Sigrids Auto anreisten, waren wir unabhängig und frei für Unternehmungen nach unseren Belieben. Generell hatte sich zum letzten Jahr ein wichtiger Punkt geändert, man war als Patient nicht mehr entmündigt, sondern konnte selbst mehr entscheiden an welchen Therapien und Seminaren man teilnehmen möchte. Außer den Ernährungstherapeuten. Sie waren die Gleichen geblieben.

Da ich noch eine Chemo zu bekommen hatte, bekam ich ein Zimmer auf einer Pflegestation, ausgestattet für Pflegebedürftige. So roch es auch, kein Ort zum wohlfühlen. Deshalb organisierte ich mir ein Zimmer im Bettenhaus nach der Chemo. Es war mir wichtig als normal eingestuft zu werden Die Verabreichung der Chemo in der Reha war leicht Abenteuerlich. Zuerst hatte die Apotheke die falsche Dosierung geschickt, dann konnte die Schwester die Geschwindigkeit der Infusion nicht einstellen, da es keinen Infusiomaten gab. Die Ärztin versuchte durch ablenkende Gespräche die Unsicherheit aller zu vertuschen. Ich habe es überlebt, genau beobachtet ob alles seinen richtigen Gang geht. Aber wie fühlt sich wohl jemand der sich nicht auskennt. Leider sanken die Thrombozyten in den Keller und dem entsprechend fühlte ich mich auch. Trotzdem lief ich mit Sigrid unsere Runden um die Berge, da kannte sie auch keine Gnade. Auch mit meinen schmerzenden Füßen. Nach kurzer Zeit hatte sich ein Supertrupp gefunden und wir hatten viel Spaß miteinander, ich habe schon lange nicht mehr so gelacht und Freude am Leben gehabt. Der Weg zum Danny Bauern war Pflicht, einmal die Woche oder am Wochenende. Beim Danny Bauern gab es immer frisch und gut schmeckenden selber gebackenen Kuchen. Eine super kleine Gaststätte. Aber ein Weg von 5km durch Wald und Flur, so konnte ich meine Leistungsfähigkeit testen. Durch die Chemo waren meine Blutbildwerte im Keller und das hieß lt. Chefarzt keine Belastung. Aber ich habe die freie Zeit genutzt und genossen um mich zu erholen. Da ich fast gänzlich außer Gefecht gesetzt war, wobei mich der Drehschwindel am meisten belastete ,nutzte ich die Zeit, mich voll auf mich selbst zu konzentrieren. Sigrid hatte mir am ersten Tag zwei Bücher zum Lesen über das Wünschen gegeben. So legte ich einen Herzens Wunsch fest. Meine Haare sollten bitte nicht ganz ausgehen. Die Bücher hatte ich an zwei Abenden verschlungen und auf mich wirken lassen. Bei Gesprächen mit Sigrid wurden meine Gedanken immer wieder in die richtige Richtung gebracht. Ebenso beim Essen, wurde ich von ihr angewiesen und es reichte schon wenn die Aussage kam, das ist Scheiß was du isst. Oft hatte ich gedacht, nun habe ich es kapiert, aber dem war nicht so. Sigrid war da äußerst konsequent und diszipliniert, obwohl es ihr auch nicht immer leicht viel. Ich war in meinem Inneren einfach noch nicht so weit. Ein erster Erfolg des

Wünschens war, das meine Haare nur dünner wurden aber nicht ganz ausfielen und mir somit das Tragen der Perücke erspart blieb. Einkaufen haben wir auch geübt, insbesondere darauf zu achten, was die Lebensmittel beinhalten .Obwohl ich schon darauf geachtet habe, gab es immer noch Fallen in die ich getappt bin. Man glaubt ja gar nicht, was die Ernährungsindustrie so alles verkaufen darf. Die reinste Chemie. Wobei die Häufigkeit der chemischen Lebensmittel, die man zu sich nimmt von entscheidender Bedeutung ist. Die Aussage Tu was für deinen Körper, dann kann er auch was für dich tun, motiviert mich bis heute. Ebenso der Spruch, wenn ich etwas Süßes möchte, willst du Leben oder sterben. So habe ich ohne Probleme von August bis Dezember ohne Zucker durchgehalten. Ich hatte begriffen um eine Chance gegen den Krebs zu haben, muss man sein ganzes Leben umkrempeln und überdenken. Und den ganzen negativen Stress über Bord werfen, egal welche Konsequenzen das Ganze hat, ohne schlechtes Gewissen sich oder anderen gegenüber. Ich habe zwei Jahre dafür gebraucht. Es ist ein Reifeprozess, den ich ohne Sigrid nicht geschafft hätte. Es ist ein Prozess seine Selbstheilungskräfte zu aktivieren, jeder kann und sollte selbst entscheiden was gut für ihn ist. Das zu finden, was für einen gut ist und so die Endorphine ausschüttet, die der Körper braucht, das ist das Schwierige. Glückshormone sind entscheidend im Kampf gegen den Krebs. Die Strenge und Härte mit der Sigrid vorgegangen ist, ohne viel Worte, hat mir unwahrscheinlich geholfen. Die Nahrungsumstellung war nach drei Wochen Reha komplett. Zu Hause viel es mir nicht mehr schwer und nach kurzer Zeit hatte ich meine drei Komponenten zusammengestellt. Die drei Komponenten bestanden aus gleichen Teilen Eiweiß, Kohlehydraten und frischem Gemüse oder Salat zum Mittag. Am Abend gab es überwiegend Eiweiß. Beim einkaufen wurde peinlichst auf die Zutatenliste der Lebensmittel geschaut, was ich bisher nicht konsequent getan hatte. Ich musste feststellen, dass es nicht viel gibt was man bedenkenlos essen kann. Am Anfang war es manchmal eintönig zu kochen aber mit der Zeit wurde ich zum Kochprofi. Eigentlich ganz einfach Rezepte aus Kochbüchern zu nehmen und durch gesunde Lebensmittel zu ersetzen. Hilfreich waren auch meine selbst gezogenen Tomaten, Paprika und das frische Beerenobst aus dem Garten. Für die schnelle Küche legte ich mir einen Vorrat aus dem Bio- Feinkostladen zu. Ein etwas teureres Unterfangen aber ich lernte wieder neu zu schmecken. Es ist ein riesen Unterschied ein Schnitzel vom Bauern zu essen, gegenüber dem billig Fleisch aus dem Supermarkt. Dass unsere Kinder nur Geschmacksnerven für die billige Kost haben, wundert mich nun gar nicht mehr. Sie lernen es meist nicht anders kennen.

In der Reha lernten wir zwei Patientinnen kennen die sich mit Vitamin B17 behandeln ließen. Ohne Chemo und Bestrahlung bei einem Mammakarzinom. Seit dem spukte in unseren Köpfen herum, ob es nicht auch eine Lösung für uns sein könnte. Wir haben begonnen in der Bibliothek, in der auch PCs standen, im Internet uns kundig zu machen. Für mich Interessant und ein Thema zu Hause weiter zu recherchieren. Sigrid konnte sich damit nicht anfreunden .Ich denke das es daran lag, dass sie bisher noch kein Rezidiv hatte, im Gegensatz zu mir und es ihr gut geht. Mir hat die Reha sehr gut getan. Ich konnte mich ein wenig erholen. Ein besonderes Erlebnis hatte ich während der Entspannungstherapie. Plötzlich hatte ich ein Gefühl in meinem Bauch von völliger Reinheit und Leichtigkeit. Ein wunderbares Gefühl. Ich habe gelernt mich völlig zu entspannen. Diese Übungen mache ich jeden Abend im Bett unterstützt durch eine CD.

Nach der Reha kam ich vom zweiten bis zum dritten Zyklus gar nicht mehr richtig auf die Beine. Eine halbe Stunde am Tag konnte ich im Haushalt etwas tun. Das war der Moment erneut über eine Haushaltshilfe nach zu denken und in dieser Richtung aktiv zu werden. Bis zum Jahresende bekam ich über die Krankenkasse jemanden für drei Stunden in der Woche .Mehr wollte ich auch nicht, denn ich mache meine Wirtschaft lieber selbst. Vom Kopf her war ich fit, aber körperlich ging nichts mehr. Ein furchtbarer Zustand. Auch die schlaflosen Nächte machten das Ganze nicht besser und wenn ich schlafen konnte, träumte ich so intensiv das ich am Morgen das Gefühl hatte, die ganze Nacht durchgearbeitet zu haben. Dazu verstärkten sich die Schmerzen in den Füßen, so dass das Laufen wieder mal zum Problem wurde. Das nächste Problem lag nun darin, eine Sozialstation zu finden die noch freie Kapazitäten hatte. Haushaltshilfen werden leider schlecht bezahlt und sind für die Sozialstationen finanziell ein Problem. Durch Zufall in einem Pizza Flyer fand ich Hilfe. Es fand ein Hausbesuch der Chefin der Sozialstation statt, in dem festgelegt wurde was ich an Hilfe benötigte .Es war ein freundliches aufgeschlossenes Gespräch, eben unter Krankenschwestern. Es wurde mir Barbara zugeteilt. Wir hatten gleich einen guten Draht zueinander. Mit Barbaras Putz Elan hatte ich die Richtige gefunden. Endlich wurde mein Haus mal richtig in Ordnung gebracht Jede Hausfrau wird mir recht geben, es gibt nichts schlimmeres, wenn man auf das Sofa verbannt ist und sich den Schmutz den ganzen Tag ansehen muss, weil die Kraft fehlt diesen zu beseitigen. Zu einem gründlichen Hausputz hatte ich es schon längere Zeit nicht mehr geschafft.

Trotz der ständigen Müdigkeit und Abgeschlagenheit war es an der Zeit sich der Stollen Bäckerei zu widmen. So musste ein Tag gefunden werden um dies über die Bühne zu bringen. Die Bestellungen waren da und die Zutaten auch. Natürlich ohne Konservierungsstoffen alles pure Natur. Zum Teig kneten musste meine jüngste Tochter herhalten, denn dafür hätte mir die Kraft gefehlt. Immerhin schafften wir es an zwei Tagen 30 Stollen zu backen. Augen zu und durch. Zur nächsten Chemo konnte ich dann die Stollen in der Chemo Ambulanz verteilen, da hatte man sich schon drauf gefreut. Die Stollen fanden im letzten Jahr reißenden Absatz. Der Geruch der sich im Taxi, das mich zur Chemo fuhr, verbreitete, wurde der Chef des Unternehmens neidisch. So habe ich aus den restlichen Zutaten nochmal 10 Stollen gebacken. Im November wurde dann der Ruf nach Plätzchen laut. Da ich in diesem Jahr nicht nach Frankreich zum backen fuhr, da meine Chefin keinen Urlaub mehr hatte, nahm ich mir meine Kinder und wir haben lecker Plätzchen gebacken. Wir hatten viel Spaß bei unseren Kreationen, aber ich musste das Handtuch werfen, da ich meine Grenzen über schritten hatte. Ein Zeichen dafür, dass meine Blutwerte im Keller waren. Die kleine Chemo wurde auf Grund dessen weggelassen und es wurde nur noch alle drei Wochen die große Chemo gefahren. Das verschaffte mir Zeit mich zwischendurch zu erholen. Weihnachten und den Jahreswechsel verbrachte ich wie gewohnt mit meinen Kindern. Die letzte Chemo hatte ich am 30.12.2011. Drei Wochen nach der letzten Chemo wurde das Kontrolle CT gefahren. Aus irgendeinem Grund war zwei Tage später noch kein Befund vorhanden. Es dauerte über eine Woche bis ich das Ergebnis in den Händen hielt. Als ich den Befund gelesen hatte war klar warum. Bis auf zwei kleine Tumore waren alle anderen Tumore verschwunden, auch der Lungenbefund waren in Ordnung, keine Metastasen. Ein super Ergebnis. Damit hatte keiner gerechnet. Ich am allerwenigsten aber gewünscht.

Nun aber zurück zu den beiden Frauen die sich mit Vitamin B17 behandeln ließen. Ich begann mich im Internet zu informieren. Was ich da zu lesen bekam machte mich neugierig und ich wollte mehr darüber wissen. So bestellte ich mir einige Bücher zu dem Thema und las sie, besser gesagt begann sie zu studieren, kramte mein Wissen als Krankenschwester hervor. Die Erläuterungen und Zusammenhänge erwiesen sich als logisch. Kaum vorstellbar das Vitamine und Enzyme helfen sollten. Wenn man sich aber unsere Lebensmittel ansieht, was darin noch enthalten ist, die vielen Zusatzstoffe und Schadstoffe, dann wundert es mich eigentlich nicht mehr. Das Krebs eine Stoffwechselkrankheit ist, war mir schon klar und wurde nun bestätigt, das sie aber so einfach zu behandeln sein soll, ist kaum zu glauben. Man muss wissen, dass der Körper im Gleichgewicht sein muss um richtig funktionieren zu können. Wenn er nicht ausreichend Vitamine und Enzyme bekommt gerät der Stoffwechsel ins Ungleichgewicht. Der Körper kann nicht alle Vitamine und Enzyme selbst herstellen und benötigt es über die Nahrung. Auch der Alterungsprozess spielt eine Rolle. Es ist ein komplizierter Komplex, den zu erläutern wäre ein ganzes Buch.

Aber was hatte ich zu verlieren, nichts, also begann ich mir die Vitamine und Enzyme nach meinen Symptomen zusammen zustellen. Dabei hielt ich mich an die Vorgabe der oralen Vitamin B17 Therapie aus dem Internet und einem Therapeuten in meiner näheren Umgebung, Die Kosten einer unter Betreuung stattfindenden Therapie konnte ich mir nicht leisten, denn die lag bei 20000 Euro. So begann ich Aprikosenkerne zu kauen und steigerte mich bis auf 60 Stück pro Tag. Diese habe ich in der Kaffeemühle zerkleinert und in einem Naturjoghurt untergerührt und gegessen. Keine sehr leckere Angelegenheit aber eisern durchgezogen. Dazu kamen noch die Vitamine und Enzyme sowie Elektrolyte. Manchmal war ich dessen auch überdrüssig und hatte einfach keine Lust weiter zu machen. und habe mir gewünscht dass alles schon vorbei wäre. Es kann sich keiner vorstellen wie anstrengend der tägliche Kampf ums Überleben sein kann. Nichts ist normal oder selbstverständlich alles kostet Kraft. Woher nehmen und nicht stehlen, natürlich aus der Überzeugung das eine Heilung möglich ist. Körperlich habe ich mich unter der Therapie super gefühlt Die Schmerzen in meinen Füßen wurden besser, kaum vor zu stellen. Plötzlich konnte ich wieder ohne Beschwerden laufen, nicht nur kurze Strecken sondern stundenlang, auch mein Diabetes wurde besser, erst musste ich mein Insulin reduzieren und bis heute brauche ich gar kein Insulin mehr. Auch meine Stoffwechselwerte wurden immer besser und sind heute völlig normal. Ein Zeichen das mein Körper nicht ausreichend Enzyme und Vitamine zur Verfügung hatte. Für mich ein toller Erfolg. Ich fühlte mich gut und ob es zu einer Heilung führen würde, wurde zweitrangig. Wenn ich meinen körperlichen Zustand so halten konnte, hatte ich das Gefühl, das ich alles schaffen könnte. Aber mich packte der Ehrgeiz. War nun der Befund auf meine eigene Enzymtherapie zurück zu führen. Jedenfalls wollte ich es bei dem Ergebnis nicht belassen und machte einen Termin bei Dr. Peter Kern, nach dessen Buch ich mit der Vitamin B17 Therapie begonnen hatte. Mein Ziel war es, es bis zur Heilung zu schaffen, auch mit Unterstützung der neuen Avastintherapie. Die beiden Tumore wollte ich auch noch killen. So begab ich mich auf den Weg nach Reutlingen. Es war ein sehr ausführliches Gespräch über die Einstellung zur Erkrankung, die Selbstheilungskräfte und die Kopfarbeit. Dabei stellte der Heilpraktiker fest, dass ich auf dem richtigen Weg war und eigentlich weiter von der Kopfarbeit war, als ich selbst gedacht hatte. Das Gespräch verlief auf Augenhöhe. Es hat mich bestärkt in dieser Richtung weiter zu machen. Das habe ich gebraucht. Viele in meinem Umfeld hatten für mein Tun wenig Verständnis oder den Glauben, an das was ich Tue und Denke. Obwohl die Ergebnisse meiner Fußschmerzen und der Rückgang meines Diabetes dafür sprachen. Wichtig aber ist, dass ich daran glaube. Ich hatte meinen Weg gefunden. Auf Andere zu hören ist falsch.

Sie können es nicht verstehen und es ihnen verständlich zu machen wird scheitern.

Die fünfte Chemotherapie

Nun war ich fast ein Jahr Tumor frei. Was nicht gleich zu setzen ist mit einer Heilung. Es bedeutet lediglich, dass die Tumore zu klein sind, dass sie im CT nicht zu sehen sind. Mit den Vitaminen . Enzymen einer Eiweißarmen und Fettreduzierten Ernährungsform, habe ich ein gutes Leben geführt. Eiweißarm deshalb , damit die Enzyme besser vom Körper aufgenommen werden und fettreduziert, weil ich mein Körpergewicht verringern wollte. Somit habe ich eine Gewichtsreduktion von gut 1o kg geschafft. Ohne Sport, denn ich bin ein absoluter Sportmuffel. Nebenher begann ich einen Job als Finanzkauffrau und machte mich Selbstständig. Bei meinen Vorgesetzten kam ich sehr gut an. Ich hatte an Ausstrahlung gewonnen und ein sicheres Auftreten. Ich habe eine Entwicklung durchlaufen, die mir so nicht bewusst war. Mein Mentor arbeitete mit Affirmationen, was mir sehr entgegen kam. Ich hatte gelernt damit zu arbeiten und sie da einzusetzen, wo es nötig war. Es war ein gutes Gefühl etwas anderes zu tun, außer Hausputz. Dies brachte mir ein positives Feedback und ich merkte, wie es mein Selbstbewusstsein stärkte. So motivierte es mich weiter an diesem Buch zu arbeiten und auch die persönlichen Bücher für meine Kinder fertig zu stellen. Manchmal wurde die Zeit knapp, alles unter einen Hut zu bringen, ohne das es in Stress ausartete.

Im April stand wieder einmal die große Gyn Untersuchung an. Ich hatte kein gutes Gefühl obwohl es mir gut ging. Wie schon befürchtet hatte sich am Scheiden stumpf wieder etwas gebildet. Es sprach aber nicht unbedingt für eine Metastase. Dennoch stiegen ab April die Tumormarker an. Es wurde ein CT gefahren in dem vergrößerte Lymphknoten zu sehen waren , aber keine neuen Metastasen .In der Chemo Ambulanz gab man mir zu verstehen dass ich abwarten solle bis ich Beschwerden bekomme oder Schmerzen. Die Höhe der Tumormarker sei nicht relevant. Wenn sich mein gesundheitlicher Zustand verschlechtern würde, könnte man über eine erneute Therapie nachdenken. Bis dahin solle ich mein Leben genießen .Die Antwort fand ich äußerst unpassend und unsensibel. An diese Aussagen war ich inzwischen gewohnt, aber ich wollte und konnte mich damit nicht anfreunden. Ich machte mir Gedanken wie andere Frauen damit umgehen würden. Die Avastintherapie lief bis dahin im drei wöchentlichen Abständen weiter. Nach diesem netten Gespräch habe ich sie abgesetzt. Ein Ansteigen der Tumormarker konnte sie nicht verhindern, warum sollte ich meinen Körper belasten. Allgemein fand ich den Umgang der Ärzte als nicht korrekt, denn es ging mir zwar gut aber mich einfach stehen zu lassen, ohne wirkliche Optionen, war alles andere als richtig. Bis die richtige Wirkung der Antwort bei mir ankam dauerte es fast zwei Tage, schlug aber ein wie eine Bombe. Das Empfinden war schlimmer als die Erstdiagnose, denn drei Jahre hatte ich gut geschafft und ich fühlte mich fit und gesund. Während einer Erledigungstour mit dem Auto, als plötzlich die Tränen fließen wollten, drehte ich mich wieder innerlich um und sagte mir, meine Zeit ist noch lange nicht gekommen. Gedanklich hatte ich meine Klinik erstmals abgehakt, aber eine Lösung musste her.

Mein Sohn hatte mir eröffnet, das er im nächsten Jahr heiraten würde, dass wollte ich mir doch nicht entgehen lassen. Bis dahin war aber noch mehr als ein Jahr zu überstehen und ich hatte mir vorgenommen, mit ihm eine flotte Sohle aufs Parkett zu legen. Ich setzte mir dies zum Ziel, es zu schaffen .Mein Kampfgeist war wieder gefordert und ich überlegte, was es für Möglichkeiten gab. Mir war bewusst, wenn ich mich nicht selbst darum kümmere, wird es kein Anderer tun. So suchte ich im Internet nach aktuellen Studien und Kliniken die Therapien anboten an denen ich noch nicht teilgenommen hatte. Es gab viele Auswahlkriterien, denen ich nicht mehr entsprach, aber wahrscheinlich gab es auch nicht so viele Patienten, die noch in der Lage waren an Studien teilzunehmen, oder sie wurden wie bei mir, gar nicht darauf hingewiesen. Ich habe wenig Verständnis, wie mit uns umgegangen wird. Im Gegensatz zu den Kindern haben wir kaum eine Lobby und sind auf gut Glück den Ärzten ausgeliefert. Dabei verdient man doch an uns Millionen. Als Versuchskarnickel sind wir doch auch gut zu gebrauchen! Wieso stellt man sich dann hin und sagt, Ende! Ich kann und will es nicht verstehen, würde auch gern etwas daran ändern. In meiner Fassungslosigkeit organisierte ich mir meine Termine. Meine Gynäkologin verstand meinen Wunsch nach weiteren Therapiemöglichkeiten zu suchen und stellte mir alle notwendigen Überweisungen aus. So langsam erholte ich mich von dem Schock, aber begreifen konnte ich die Einstellung der Ärzte nicht. Einen Menschen einfach sich selbst zu überlassen übersteigt mein Verständnis.

So fand ich im Internet das NCT in Heidelberg, nahm den Telefonhörer in die Hand und rief an. Ich hatte gleich den zuständigen Oberarzt an der Strippe. Es war ein äußerst angenehmes Gespräch und ich fühlte mich gleich gut aufgehoben, da interessiert man sich für dich, ein völlig neues Gefühl. Natürlich nicht ganz uneigennützig, aber wir wollten schließlich beide etwas. Ich vereinbarte einen Termin und stellte mich in Heidelberg vor. Bei dem Informationsgespräch für die Studie, teilten sie mein Unverständnis über die Aussage meiner behandelnden Klinik. Es war ein richtig informatives Gespräch, mit neuen Erkenntnissen, die auch mir so noch nicht klar waren. Endlich wurde ich als Person wahr genommen, das tat einfach gut. Man nahm sich Zeit, mir alles genau zu erklären und ich entschied mich an der Studie teilzunehmen. Die Kosten übernahm der Pharmakonzern. Zu Beginn wurde ein CT durchgeführt, welches vergrößerte Lymphknoten zeigte, aber kein weiteres tumoröses Geschehen, bei weiter steigenden Tumormarkern. Dies bereitete den Ärzten einiges Kopfzerbrechen, da sie es sich nicht erklären konnten. Hofften aber, dass die Chemo eine Besserung der Werte bringen würde. Im Zusammenhang mit der Vorstellung in Heidelberg, fasste ich den Entschluss, mit Sigrid die Lage zu besprechen und uns auch wiederzusehen. Wie gewohnt wägten wir alle Möglichkeiten und Wahrscheinlichkeiten ab. Gingen nach unseren Gefühlen und hörten auf das, was mein Bauchgefühl uns sagte. Sie bestärkte mein Inneres, daran zu glauben, dass es irgendeine Art von Heilung geben muss. Wie diese aussieht wussten wir beide nicht, aber sie sagt immer, wir schreiben Geschichte.

In meinem nahen Umfeld hatte ich keinen mit dem ich hätte reden können, der mich verstanden hätte. Jeder interessierte sich nur für den Ablauf und ob ich mir es auch genau überlegt habe, die

Therapie in Heidelberg durchführen zu lassen. Entscheidungen muss ich selbst treffen, das ist mir klar, aber gelegentlich brauche auch ich einfach nur einen Zuhörer, der sich die Zeit für mich nimmt. Meine Kinder machten sich zu diesem Zeitpunkt sehr rar und vermittelten mir das Gefühl alleingelassen zu sein. Dass dem nicht so ist, weiß ich, aber Wissen reicht nicht immer. Sie sollten ihre Gedanken und auch Ängste durchaus mit mir teilen, dass würde uns allen helfen. Wenn sie meine Situation nicht verstehen, dann sollten sie mit mir reden. Meine Kinder waren und sind für mich das Wichtigste. Es ist schwer für mich damit zu leben. Unausgesprochene Situationen hasse ich .Die Reaktionen von Söhnen sind bei Betroffenen allgemein zurückhaltend. Ich habe einige Betroffene gefragt und auch mit Sigrid darüber gesprochen. Sie hat zwei erwachsene Söhne. Es sollte auch jedem Außenstehenden verständlich sein, dass man sich in solch einer Situation verändert, man wird vielleicht ein doch etwas anderer Mensch, aber für meine Kinder bleibe ich immer die Mutter und man hat auch das Recht als Mutter, ein anderer Mensch zu werden und sich weiter zu entwickeln.

Zur Studie gehörte auch dass ich ein bis zwei Tage stationär aufgenommen wurde. Für die Studien die an der Uni in Heidelberg liefen, gab es eine extra Station .Es wurde auf jeden Studienteilnehmer explizit eingegangen. Das empfand ich als Balsam für meine Seele, auch der leitende Oberarzt war immer vor Ort. Natürlich gab es strenge Vorgaben wie die Therapie abzulaufen hatte, aber es wurde nichts über unsere Köpfe hinweg entschieden, sondern wir wurden über jeden Stand der Dinge informiert. An den Tagen die ich im Hotel verbrachte, erkundete ich auch die Stadt Heidelberg. Eine wunderschöne landschaftliche Ecke in der man gut Urlaub machen könnte. Es gibt viel zu erkunden und anzusehen. Die Hotelpreise sind leider gepfiffen, aber für mich auf jeden Fall einen Urlaub wert. Leider musste ich feststellen, dass ich unter dieser Chemo nicht mehr mit dem Zug ober Bus fahren konnte. Mir wurde immer nach kurzer Strecke übel, sofern ich aber wieder an der frischen Luft war, ging es mir wieder gut. Meine Chefin glaubte sich zu erinnern, dass ich ihr von meiner Platzangst erzählt hatte. Ich musste ihr recht geben. Ich kann keine geschlossenen Räume haben. Durch unsere Katzen haben wir keine geschlossenen Zimmer, deshalb kam ich gar nicht auf die Idee ein Problem mit der Platzangst zu bekommen. So musste ich nun einen Fahrdienst organisieren der mich nach Heidelberg brachte. Obwohl es mit dem Zug viel schneller ging, als mit dem Auto. So habe ich in einigen Staus gestanden, denn die Strecke ist dafür bekannt.

Die Nebenwirkungen der Chemo wurden zunehmend stärker. Die Chemo bestand aus einer Kurzinfusion und Tabletten die regelmäßig eingenommen werden mussten. Ich bekam, was sehr unangenehm war, Zahnschmerzen und Zahnfleischbluten, Schmerzen auf der Zunge, Trigeminusschmerzen und Halsschmerzen, alles im Kopfbereich. Mir ging es irgendwann überhaupt nicht mehr gut .Zwei bis drei Tage nach der Chemogabe war es besonders schlimm. Essen und Schlucken kaum noch möglich. Ich bekam von meiner Mitbewohnerin Baby Brei verordnet. Einiges war richtig lecker und es hat gut gesättigt. Erstaunlich was so ein kleiner Mensch an Essen aufnehmen kann. So beendete ich in Absprache mit dem Oberarzt in Heidelberg die Chemo nach dem dritten Zyklus. Das CT ergab bei Abschluss der Therapie den gleichen Befund, nur vergrößerte Lymphknoten, bei Stillstand der Tumormarker. Es konnte sich keiner die Werte erklären. Man bot mir eine andere Chemotherapie an, aber ich wollte zu diesem Zeitpunkt nichts mehr von Therapien wissen und mich in Ruhe erholen und die Weihnachtszeit genießen. Das konnte jeder gut verstehen. Bei einer meiner beiden Mitstreiterinnen, hatte die Chemo gut angeschlagen, bei ihren Lungenmetastasen. Sie hatte auch kaum Nebenwirkungen. So hat die Studie wenigstens etwas gebracht. Ich erholte mich ziemlich schnell, die Müdigkeit und ein Gefühl der Schwäche blieben. Meinen Job konnte ich in dieser Zeit nicht ausüben. Das hat mir schon gefehlt.

Zu dieser Zeit nahm ich weiterhin meine Vitamine und Enzyme ein. Jeden Abend machte ich meine Entspannungsübungen und sprach meine persönlichen Affirmationen. So konnte ich meine Leistungsfähigkeit gut steigern. Ich fühlte mich bald wieder gut und gesund. Dem Weihnachtsstrubel hatte ich mich entzogen. Kein Stollen backen, keine Plätzchen, kein Weihnachtsessen vor bereiten, einfach nur Zeit für mich. Meine Mitbewohnerin war zu dieser Zeit in Reha. Das Weihnachtsessen fand bei meinem Sohn statt. Den Anderen beim Weihnachtsstress zu zusehen kann auch Spaß machen, für mich eine erholsame Zeit.

Die sechste Chemotherapie

Nach meinem 55. Geburtstag stand die gynäkologische Untersuchung und Kontrolle der Tumormarker an. Nach Weihnachten bekam ich Rückenschmerzen und hatte den Verdacht, dass eine meiner Bandscheiben aus der Rolle gesprungen sein könnte. Da es aber bis in den Oberbauch hinein zog, wollte ich auch ganz sicher sein, das es kein Tumor ist. Wie von mir nicht erwartet, aber wie immer, wenn ich bei meiner Gynäkologin war, gab es auch wieder einen Befund am Scheiden stumpf. Zum letzten Befund hatte der sich aber nicht vergrößert. Im positivsten Sinne konnte es sich auch um Verwachsungen handeln. Es wurde ein CT gefahren. Einen Tag nach dem CT hatte ich gleich einen Termin beim Neurologen vereinbart, denn ich wusste dass er den Befund vom CT einsehen konnte. Was ich da zu lesen bekam war ein Schock. Ein Tennisball großer Tumor in der Leber. Zwei weitere Tumore links am Rippenbogen und einer im rechten Oberbauch. Ein Befund mit dem ich nicht gerechnet hatte. Vor allem der Tumor in der Leber bedeutete, dass die Krebszellen über die Lymphbahnen weiter im Körper verstreut wurden und nun somit überall auftreten können, was die Lebenserwartung erheblich senkt. Insbesondere ein Lebertumor kann sehr schnell zum Leberversagen führen. Mein Überleben hing am seidenen Faden. Im ersten Moment wusste ich nicht, was ich mit dem Befund anfangen sollte, was bedeutet das für mich. Es ist schwer den Moment zu beschreiben, aber eine Art von Hilfslosigkeit trifft es am besten. Wobei ich doch gar nicht wollte, dass der Krebs über mich siegt. Aber eines wusste ich ganz genau was ich jetzt brauchte, einen guten Freund. Ich wusste auch wer das sein würde. Mein Mentor. Er war der einzige dem ich alles erzählen konnte, der mich verstand. Nun wusste ich, was meine Beschwerden verursachte. Das wollte ich aber nicht hinnehmen. Ich ließ alles erst mal übers Wochenende sacken. Danach teilte ich allen den Befund mit und jeder sollte sich seine eigenen Gedanken dazu machen. Mir gingen viele Dinge durch den Kopf, dachte ich doch wieder am Anfang der Erkrankung zu stehen. Aber ich hatte doch auch einiges dazu gelernt und dessen sollte ich mich doch besinnen. So ging ich systematisch meine Situation an und begann erst mal die Lage der Tumore mir genauer anzuschauen. Damit konnte ich meine Beschwerden erklären. Danach suchte ich im Internet nach onkologischen Leberzentren und informierte mich über neue Behandlungsmöglichkeiten und siehe da, es gab welche. Nachdem ich mich wieder gefangen hatte, organisierte ich meine notwendigen Termine, mit der Einstellung, eine Therapie für mich zu finden. Nach einigem zögern rief ich auch den Oberarzt in Heidelberg an und fragte nach, welche Therapie er für mich hätte. Am selben Tag hatte ich auch einen Termin in der Onkologischen Ambulanz. Dort wurde mir die gleiche Therapie angeboten wie in Heidelberg. Ich war froh darüber, nicht nach Heidelberg fahren zu müssen. Aber nur wegen der Fahrerei. Allerdings hatte es in meiner behandelnden Klinik einen Chefarzt Wechsel gegeben. Damit sind auch andere Therapieansätze verbunden. Ich stellte mich auch in einem Leberzentrum vor. Ich hatte Glück den Termin beim Chef der Radiologie zu ergattern. Leider konnte er mir nicht helfen, bot mir aber auch eine Chemo Therapie an.

Ich bekam eine Komponente der ersten Chemo Therapie, das Carboplatin. Für mich positiv, da ich die erste Chemo gut vertragen habe und meine gerade nachgewachsenen Haare nicht ausgehen würden. Zu der Aussage komme ich auf Grund meiner gesamten Erfahrungen mit Chemos und deren Nebenwirkungen. Die Chemo verlief im wöchentlichen Abstand über 18 Wochen. Leider griff sie mein Blutbildungszentrum im Rückenmark stärker an, als ich erwartet wurde. So musste bei den letzten Chemos die Dosis halbiert werden. Die Tumormarker sanken nur langsam und waren mit Beendigung der Chemo, gerade so im Normbereich. Für mich kein gutes Omen. Ich wäre froh, wenn ich in diesen Momenten positiver Denken könnte. Aber das geht leider nicht automatisch. Da habe ich noch einiges an Kopfarbeit zu leisten. Meine Nachbarin fragte mich, ob es denn nicht anstrengend sei, so viele Therapien durch zu stehen. Ich antwortete ihr, dass ich mich unter der Chemo sicher fühle, dann sei der Tumor unter Kontrolle. Durch die vielen Rezidive, bin ich in der Therapie freien Zeit eher verunsichert. Automatisch warte ich darauf, dass sich wieder etwas verschlechtert. Nicht daran zu denken ist nach den vielen

Rezidiven für mich nicht möglich, gern würde ich es aus meinem Kopf streichen, aber ich weiß nicht wie.

Eines aber habe ich gelernt, dass die Tumore nicht zu mir gehören und auch nicht in meinen Körper. Auch habe ich gelernt, nicht mehr zu kämpfen, sondern zu Leben. Ich habe eine Entscheidung getroffen, zu leben, für keinen Anderen oder für eine Hochzeit Die Kraft die der ständige Kampf verlangt, stecke ich nun in mein Leben. Ich fühle mich gut und mir geht es inzwischen fast wie vor der Erkrankung. Alles ist ein Stück weit Normalität geworden.

Dieses Jahr habe ich mir vorgenommen viel zu reisen. Zu Ostern bin ich allein nach Mönchengladbach zu meiner Freundin Sigrid mit dem Auto gefahren. Es hat mich nicht angestrengt, wie befürchtet. In der Auseinandersetzung, weshalb ich schon wieder eine Chemo brauche, haben wir fest gestellt, dass ich meine Glückshormone aus den Unternehmungen ziehe. Ich bin nun mal gern unterwegs und sehe mir gern Städte und Sehenswürdigkeiten an. Bei schönem Wetter bin ich jedes freie Wochenende mit meinen Kindern unterwegs gewesen. Bei mir ist es nicht das Essen allein, wie bei ihr. Natürlich behalte ich die gesunde Ernährung bei. Es werden nach wie vor, keine künstlichen Zusatzstoffe in meinem Essen enthalten sein. Ich suche auch intensiv nach einem Minijob. Ich muss raus und unter Menschen.

Mit meiner Mitbewohnerin war ich in London. Eine faszinierende Stadt und ich werde im nächsten Jahr wieder einen Trapp nach London unternehmen. Im Juni war ich mit meiner Chefin in Frankreich und im Oktober habe ich schon Berlin gebucht. Immer ein Lächeln im Gesicht vertreibt die schlechten Gedanken. So sammle ich meine Glückshormone. Ich lächle einfach alles Negative weg.

In den 18 Wochen der Chemotherapie konnte ich feststellen, dass alle Betroffenen einen ähnlichen Weg durchmachen. Ich habe, um den für mich richtigen Weg zu finden, fast drei Jahre gebraucht, aber nicht jeder hat die Zeit seinen Weg zu finden. So habe ich den Weg einer Mitpatientin verfolgt, die sich zwar in die richtige Richtung entwickelt, die aber auf alle von mir beschriebenen

Hürden getroffen ist. Zum einen wurde sie mit der Diagnose allein gelassen. Bekam keine aufrichtige Auskunft wie es um sie steht. Auf ihre Fragen erhielt sie keine Antworten auch Befunde wurden ihr vorenthalten. Sie hat keine Ahnung wie weit fortgeschritten der Tumor ist. Sie weiß auf Grund dessen nicht wie viel Zeit ihr bleibt, was alles auf sie zukommt und kann sich nicht dem Kampf stellen. Es ist für mich unglaublich wie mit Menschen umgegangen wird. Sie kann sich nur allgemein über das Mammakarzinom informieren und ist natürlich im Internet auf Horrorgeschichten gestoßen und hat für sich beschlossen nichts von ihrer Erkrankung Wissen zu wollen. Ich konnte sie aufrütteln, den Ärzten gegen über zu treten und die für sich relevanten Informationen heraus zu fordern. Viele und so auch sie wissen nicht, dass sie dazu ein recht haben, Einsicht in die Krankenunterlagen zu nehmen. Ganz wichtig ist, dass ich selbst bestimme wo es lang geht und kein Arzt mir vorschreibt was ich zu tun habe. Mündige Patienten sind eher selten, leider, aber der häufigste Grund, ist das fehlende Wissen. Das kann man sich aber aneignen. Ich habe nach Beendigung meiner Therapie ein Gespräch mit dem leitenden Oberarzt gesucht. Den letzten CT Befund habe ich mir Schritt für Schritt erklären lassen und die weiteren Therapie Möglichkeiten durchgesprochen. Wobei ich gesagt habe was ich mir vorstelle, wie es weiter gehen soll. Denn es ist mein Leben um das es geht. Ich muss mich damit identifizieren können. Die Ärztin in der Chemo Sprechstunde wollte mir mitteilen wie es weiter geht, ohne den CT Befund gelesen zu haben. Also eine Null acht fünfzehn Aussage. Die Person die vor ihr saß, war ihr völlig egal. So etwas darf nicht passieren. Meine Zweitmeinung habe ich mir in Heidelberg geholt. Für den Umgang der Ärzte mit uns Betroffenen habe ich nach wie vor kein Verständnis. Der Ct Befund hatte ergeben, dass alle Tumore um zwei Drittel kleiner geworden sind.

Die siebte Chemotherapie

Mit dem Ergebnis der letzten Chemotherapie konnte ich zwar zufrieden sein, aber mir war bewusst, ohne weitere Chemotherapie würde ich nicht auskommen. Die Ärzte sahen dies etwas anders. Meine Intuition sagte mir, weiter machen. So wurde ich aus der Ambulanz entlassen ohne weiter Therapieansätze. Es kamen die üblichen Standardsätze. Ich solle abwarten,warten auf was, eine Wunderheilung? Nach zwei Monaten stiegen die Tumormaker wieder an. Das war auch nicht anders zu erwarten. Ich machte einen Termin in der Onko Ambulanz. Mit der Ärztin konnte ich auf Augenhöhe sprechen. Der Chefarzt gesellte sich dazu. Da unbedingt ein CT gemacht werden sollte . Dem ich nicht zustimmen wollte, da das letzte CT erst zwei Monate her war. So Strahlungsfrei sind die Geräte ja nun auch nicht. Hintergrund war aber ein neues Medikament, welches zum Einsatz kommen sollte.Ich ging davon aus das eine Chemotherapie laufen sollte die ich schon einmal bekommen hatte. Am Ende stimmte ich jedoch zu. Das CT zeigte, das die Tumore die bekannt waren, weiter kleiner geworden waren, aber es gab neue Tumore leider auch einen im Darm. Kein schöner Befund. Das führte bei mir zu einer leicht panischen Stimmung.Ich zog mich in mein Innerstes zurück. Überlegte wie es weiter gehen sollte. Ich war müde und ausgelaugt, konnte mir aber keine Zeit lassen lange zu überlegen.

Wegen des Tumors im Darm sollte eine Darmspiegelung durchgeführt werden. Ziel der Untersuchung war, das Lumen festzustellen und falls notwendig den Tumor zu entfernen damit es zu keinen Darmverschluss kommt. Ich habe es abgelehnt, da ich trotz des Befundes keine Probleme habe.So lange sich alles ruhig verhält, lasse ich nicht an mir herum experimentieren. Wenn es zu einer Notfallsituation kommt, dann ist es eben so. Eine Darmspiegelung in meinem Falle trägt ein hohes Risiko, das es bei der Untersuchung zu Verletzungen kommen kann. Wer kann sagen, wie es in meinem Inneren aussieht nach den vielen

Chemotherapien. Eine Entscheidung die jeder Laie hätte treffen können? Ich glaube kaum. Ich kann nur raten sich genaue Informationen einzuholen und auf sein Bauchgefühl zu hören.

Leider machen wir es den Ärzten leicht über uns bestimmen zu können.Ein gutes Beispiel lieferte mir meine Schwester. Da wir alle in der Familie unter vielen Leberflecken am ganzen Körper leiden,gehen wir regelmäßig zum Dermatologen. So auch meine Schwester. Im Sommer wurde bei ihr eine Veränderung eines Leberflecks festgestellt und ihr wurde geraten diesen entfernen und histologisch untersuchen zu lassen.Dies sollte auch so schnell als möglich durchgeführt werden.Zuerst wollte meine Schwester warten bis die heißen Tage vorüber sind, aber irgend etwas sagte ihr, es nicht zu tun. Das war die richtige Entscheidung. Es wurde ein schwarzer Hautkrebs diagnostiziert.Sie hatte es schon geahnt.Telefonisch wurde ihr das Ergebnis mitgeteilt. Und das man nach operieren müsse, die Dermatologin aber drei Wochen in Urlaub sei. Geht man so mit Menschen um die eine solche Diagnose erhalten müssen? Zum Glück nahm meine Schwester diese Information gelassen auf. Wir standen aber in Kontakt und meine Schwester konnte sich Rat und Unterstützung holen. Sie Hatte sich im Internet informiert und konnte ihre Fragen an mich stellen, zu Begriffen die sie nicht verstanden hatte.Ich sagte ihr auch das sie sich sämtliche Befunde geben lassen sollte. Prompt kam die Frage, kann ich das überhaupt? In dem Moment habe ich sie nicht verstanden, denn sie wusste ja durch meine Erkrankung, dass ich mir immer alle Befunde habe geben lassen.Nach der zweiten OP und dem Befund den sie sich hatte nun geben lassen, konnte man lesen das eine zweite OP gar nicht notwendig war. Bei der ersten OP konnte der Tumor im gesunden Gewebe entfernt werden. Eine weitere Therapie ist zum Glück nicht notwendig.Ich gab ihr noch den Hinweis sich den Befund des Tumorboards beim Hausarzt geben zu lassen , denn da sind die weiteren Therapiemaßnahmen festgelegt. Zur Dermatologin wollte sie deswegen nicht noch einmal gehen.Warum entsteht nur so eine Unsicherheit. Ärzte sind keine Götter in Weiß, sie werden von den Patienten dazu gemacht.

Nach dem CT ging es nun um die nächste Therapie. Seit dem Januar 2013 wurde ein neues Medikament zugelassen. Bei Weichteiltumoren wurde es in Studien getestet und als erfolgreich bewertet. Es sollte auch beim Ovarialkarzinom gute Ergebnisse bringen. Leider ist es nicht gut verträglich. Aber im Tumorboards wurde es für mich festgelegt. So war meine Selbstbestimmung einfach übergangen worden. Trotz meiner Gegenwehr konnte die Ärztin nicht selbst entscheiden, wie geplant von mir, die erste Chemotherapie zu wiederholen.So ließ ich mich auf die neue Therapie ein. Leider waren die Nebenwirkungen ziemlich heftig.Ich hatte sehr starke Übelkeit , die mich dazu brachte die Therapie zu beenden. Im Nachhinein sagte man mir, dass keiner die Therapie vertragen hat. Warum macht man das mit einem. Sind wir als Langzeit sterbende nichts wert? Ich kann und will es auch nicht mehr verstehen. Ich denke hier muss etwas passieren. Ich hoffe mit diesem Büchlein Betroffene auf zu rütteln sich mit den Ärzten auf Augenhöhe zu treffen.